Hans-Helmut Decker-Voigt
Vom Selbstmord des Rufmörders

Mobbing im Internet.
Eine Erzählung.

Hans-Helmut Decker-Voigt – Vom Selbstmord des Rufmörders
Mobbing im Internet. Eine Erzählung.

© copyright 2008 Drachen Verlag GmbH, Klein Jasedow
Alle Rechte vorbehalten

Umschlaggestaltung: Nele Hybsier unter Verwendung eines Gemäldes
von Tana Wilde, www.wildesdesign.de
Layout, Satz und Herstellung: www.humantouch.de
Druck und Bindung: Finidr, s.r.o., Český Těšín
Printed in Czech Republic

ISBN 978-3927369-35-1

Inhalt

6   Smileys Weinen
13 Von Reden, Gerede und erotischen Gesängen
22 Ruhe vor dem Sturm
30 Bettgeschichten
42 Vom offenen Auge der Justitia
54 Vom Neid
60 Von Flucht
70 Gott – ein Zentralserver
77 Von Scham und ihren Trostsprüchen
84 Vom Blinzeln der Justitia
91 Vom Opium Religion
100 Von Rache
106 Von Mord
114 Passion
122 Spieglein, Spieglein an der Wand
128 Von der Wut in manchem Schweigen
132 Wann sich der Mörder selbst mordet
136 Smileys Lächeln

Smileys Weinen

Bei der Ortseinfahrt im Nachbardorf zeigte der elektronische Tempoanzeiger fünfundachtzig. Fünfunddreißig zuviel. Der elektronische Smiley zeigte das Gegenteil seines Namens: Smiley zeigte sich stinksauer. Er bremste scharf, um unter Fünfzig zu kommen. Er bremste weniger zur Vermeidung eines Strafmandats durch versteckte mobile Kamera. Er bremste eigentlich, um den Smiley das tun zu sehen, weswegen er so hieß: Die Mundwinkel von unten wieder nach oben zu ziehen und zu lächeln, nein, breit zu lachen.

Vom Hamburger Berg auf den Dorfeingang zu, und damit zu Smileys Strahlen oder Stinksauersein, fuhren die meisten die schnurgerade Straße zu schnell, und dieser Smiley war überwiegend stinksauer. Immerhin – wenn er wem lächelte, dann war Smileys elektronisches Lächeln immerhin ein Lächeln. Manchmal und manchen war Smileys Lächeln hier auf dem Lande und bei den Berliner Feriengästen »det Janze«, die Tagesration an Freundlichkeit.

Das war vor einer knappen Stunde gewesen. Jetzt lag die Autobahn von der Heide über die Elbbrücken hinter ihm. Die Elbbrücken, das Nadelöhr zwischen dem überschaubaren Land und dem Moloch Stadt, der vierspaltige Schoß zwischen Nord und Süd, Gebärstrecke für Fahrtstrecken zwischen Skandinavien und Spanien.

Die letzten Meter zu seinem Dienstparkplatz auf der Rückseite des Stadtpalais mit dem Verwaltungssitz, dem Sitz des Präsidenten und dem Neubau mit dem großen Saal, waren vor ihm. Vierhundertfünfzig Plätze. Mein Gott, waren sie alle stolz auf diesen Saal.

Er verzichtete heute auf den Stammparkplatz oben und fuhr in den Uterus der Tiefegarage hinein. Sein Denken drehte sich bei diesen letzten Metern um dasselbe wie während der ganzen Fahrt: Sollte er nachher, sollte er nicht, würde er nachher, würde er nicht ...?

Würde eines von den Hunderttausenden der Gänseblümchen auf der Weide vor seinem Haus hier auf dem Betonboden blühen – er hätte sich gebückt und es nackt gezupft. Blatt für Blatt: Soll ich, soll ich nicht?

So wie beim letzten Mal, als er es dem letztgezupften der kleinen, weißen Blättchen um den gelben Kern herum überlassen hatte, ob er die Berufung auf sein heutiges Amt übernehmen solle. Oder nicht. Eigentlich hatte er gar nicht in diesen Beruf wollen. Eigentlich.

Beim Dinner war seine Tischdame zur Linken mangels Damen der Chef der großstädtischen Verkehrsgesellschaft. Ein freundlicher Riese mit einem Bauch, dessen Rundung sich in der Schädelstruktur fortsetzte. Das breite, fast kreisrunde Gesicht erinnerte ihn an den Smiley von heute Nachmittag. Auch die Mundwinkel der großstädtischen Verkehrsgesellschaft erinnerten an ihn: hochgezogen, gemütlich, zufrieden lächelnd, fast strahlend. Dicke haben's einfacher, Dicke tanzen gut. Dicke leben besser, Dicke haben mehr Häute, jedenfalls Fettschichten.

»Es ist mir eine große Ehre...« sagte Smiley zu ihm, und er nickte freundlich zurück. Das Mondgesicht war nicht seine freiwillige Wahl, aber es war nun mal Sponsor eines seiner Austauschprogramme mit dem Ausland, durch das sein Institut bekannt geworden war.

»Renommieradresse« hatte eine Fachzeitschrift kürzlich sein Institut genannt. Für manche Kollegen der anderen Institute würde das Wort wieder nächtliche Aktivität auf den Beißschienen zwischen den Kiefern bedeuten. Renommieradresse.

Else saß ihm schräg gegenüber und schaute manchmal aus ihrem Gespräch mit dem Botschafter herüber zu ihm. Sie wusste von dem Manuskript in der Innentasche seines Smokings. Sie wusste, was er damit wollte. Aber wie sonst nur bei seinen sehr persönlichen Reden an Personen oder Reden im familiären Kreis kannte sie diesmal keinen der Sätze genau. Nur seine Vorgedanken. Nur seine Ansicht. Nur das Dunkle, Wütende in ihm, das diese Sätze zwangsgeboren hatte, kannte sie. Etwas.

Dies Etwas kannte sie. Seit Jahren. Nicht das Skript in der Innentasche seines Gehrocks.

Der Botschafter neben ihr war Ästhet und auch noch formvollendet. Entweder durch sein Elternhaus oder durch das Training des Auswärtigen Amtes. Oder beides. Außerdem sah er ihrem Vater ähnlich. Groß, breit, dunkelhaarig, zurückhaltend. Ein bisschen langsam wie die meisten großen Menschen. Das Gegenteil von ihm, ihrem Mann.

Dieser väterliche Typ Mann passte glänzend zu Else, seiner Frau, die er nach den achtunddreißig gemeinsamen Jahren immer wieder neu in die Ehe hinein umworben, verführt haben würde, wenn sie diese anlässlich der Krisen um seine Affären verlassen hätte. Hätte.

Hatte sie nicht.

Sie hatte ihm, dem Gegentyp, ein »Ja« gesagt, vor achtunddreißig Jahren, als er gefragt hatte. Mit »Fräulein« hatte er sie angefragt. »Fräulein Else«, dieser in den letzten Zügen liegenden Anredeform selbstverständlicher Würdigung eines jungfräulichen Standes, den sie in ihrer dunklen Schönheit neunzehn Jahre gewahrt hatte.

Der Botschafter war das Gegenteil zum großbäuchigen Smiley neben ihm, der jetzt die Serviette oben hinter die Fliege zwischen Hemd und Halsansatz geklemmt und auf seinem Bauch ausgebreitet hatte. Es war ein großer Oberbauch, auf einem noch größeren, buddhaesken Unterbauch ruhend, so dass die Serviette fast wie eine kleine Tischfläche wirkte.

Sich leicht nach vorne beugen zum Tisch, den Teller stehenlassen, wo er gedeckt war, und die Suppe via Löffel die wenigen Zentimeter zum Munde führen – das konnte Smiley, seine fette Tischdame nicht mehr: Der Bauch trennte den übrigen Körper hoffnungslos vom Tisch. Überbrückend hob Smiley den Teller mit beiden Händen hoch, führte ihn auf das Hochplateau seines Oberbauchs, setzte ihn dort ab und führte von dort den Löffel die kleine Reststrecke zur Mundöffnung, die sich leise schmatzend der Hochzeitssuppe näherte, ganz ähnlich wie vor Jahrzehnten der Warze einer vollen Brust der Frau, die ihn stillte. Seine Mutter? Eine andere Frau?

Ich hatte eine Amme. Eine Baltin. »Sie hatte mehr Milch als ich sie hatte«, *hörte er die Stimme seiner Mutter. Ich habe sie nie kennengelernt, die Amme. Wer sie nur war, wie sie nur war, meine Amme. Diese so wichtige Frau der ersten Wochen, mit ihrer Nahrungsquelle.* Mutters Stimme eben war voll liebevoller Klarheit. Sofort wiedererkennbar. Seit Jahren hatte er sich an die Stimme nicht mehr erinnert und umso weniger erinnern können, je mehr er sich an sie zu erinnern sehnte. Die Stimme klang genau so, wie wenn er in ihren letzten beiden Jahren der Dämmerung ihres Geistes den Kopf durch den Türspalt im oberen Stock der Seniorenresidenz steckte und in den Raum hineinflüsterte: »Überraschung!«

»Mein Junge!« Wie lange ich Mutters Stimme nicht mehr gehört habe. Am wenigsten im Traum. Aber eben gerade. Hier neben Smiley. Unter all den Menschen.

»Es ist mir eine große Ehre ...«. Hatte das nicht der Smiley neben ihm gesagt?

»Ich freue mich auch,« sagte er zu ihm. Sicherheitshalber.

Noch wenige Stunden, dann komme ich nicht mehr täglich in solche Zwickmühlen, Freuden auszusprechen, die ich gar nicht fühle.

Rechts von ihm saß immerhin eine Richtige. Eine Dame. Er hatte bei der Tischordnung darum gebeten, sie neben sich zu setzen. Er brauchte eine Vertraute gegenüber. Das war Else. Und eine neben sich. Das war Ursula, eine Kollegin. Er hatte sie promoviert (summa cum). Bei ihm versah sie ihre erste Professur. »Inzuchtergebnis«, stellte er sie manchmal liebevoll vor, inzwischen immun geworden gegenüber dem Klatsch, mit welcher seiner akademischen Töchter und Enkelinnen er nun »akademische Inzucht«, das heißt Bevorzugung getrieben habe. Mit wer er geschlafen, mit wer nicht. Er hatte es aufgegeben, der Freude seiner Umgebung an Klatsch ernsthaft begegnen zu wollen. Klatsch war nun einmal ein soziales Grundnahrungsmittel.

Im Gegenteil, er spielte inzwischen mit dem Klatsch, indem er die ihm nahen Frauen vor Dritten als »meine Freundin« vorstellte. Manchmal mit »Liebste« anredete, was sie im jeweiligen Moment dann auch waren. In einem »biedermeierlichen Sinne« wie er Else erklärte, die diese Art Biedermeier verwünschte, aber begriff: Seine Verbalerotik kompensierte wirkliche Bettgeschichten. Er war ihr schon seit langem treu. In Gedanken nicht, in Worten nicht. Aber sonst.

Das Papier des Skripts war noch da, und beim Knicken des Papiers zwischen den Fingern gab es ein Geräusch, das ihn in Hochstimmung brachte. Da war es: Alles. Alles zwischen seinen Fingern. Alles seit 2002. Alles, was die meisten Gäste genau wussten, einige ein bisschen und nur vom Hörensagen, wenige der Gäste gar nicht. Zu viele Ausländer waren heute hier. Ungarn, Esten, Russen, die beiden Kollegen aus China – von überall dort, wo er die Projekte im Ausland eingerichtet, geleitet und erfolgreich etabliert zurückgelassen hatte, hatten sie Vertreter geschickt.

Um ihn zu ehren.

Denn er ging.

Aus dem Amt, in dessen Beruf er gar nicht gewollt hatte.

Nach der Suppe stand der Präsident auf und sprach, sprach ihn direkt an, immer mit seinen strahlenden, blauen Augen und seiner rechten Hand auf ihn weisend und Netzwerke am Festtisch schaffend, indem er seine Person, die, die heute verabschiedet wurde, in Verbindung mit immer einer anderen Person am Tisch brachte. Wichtigen Personen, bedeutenden Personen.

Nein, er hatte sich nicht gewundert, als er die Gästeliste, die eine Überraschung für ihn sein sollte, heimlich vorher von seiner Helferin zugesteckt bekommen hatte. Die Helferin, die mit Nachnamen wirklich »Helfer« hieß, sein treues Arbeitsweib, seine Bürochefin, die mit ihm jetzt gehen wollte.

Er hatte verboten, darüber auch nur nachzudenken. Erstmals richtig autoritär:

»Sie bleiben! Sie sind die Brücke, die Verbindung von mir zur Zukunft«, hatte er sie angeschnarrt und noch die zwölf Jahre zur Rente erwähnt, die sie brauchte, um wenigstens eine Rente zu bekommen, die sie ernährte, ihr die Wohnungsbeibehaltung ermöglichte und die Zigarettenstangen. Eine täglich. Inzwischen nur noch zu Hause. Nichtraucherschutzgesetz.

Von Reden, Gerede und erotischen Gesängen

Der Präsident sprach spontan und herzlich. Er war schließlich Komponist und kannte Höhen und Tiefen sowohl in seiner eigenen Biografie als krankes und damit schulfernes Kind wie auch als Musiker und heutzutage als amtierender Präsident mit automatischem Einsamkeitsstatus.

Heute waren Höhen dran. Seine Höhen. Gemeinsame Höhen mit ihm, dem zu Verabschiedenden.

Deutschland kam in der Rede vor. Deutschland–Russland, kam vor. Russland–Deutschland. Die Freudschaft zwischen den Ländern dank seines, des Abschiednehmenden, kleinen Orchideenfachs. Ein Fächlein sozusagen, auf dem Weg zu einem Boomfach.

»Dank Ihnen und Ihrer wissenschaftlichen wie menschlichen wie organisationspsychologischen Kreativität«, sagte der Päsident soeben.

Freudschaft – nanu? Freudschaft? Sigmund lässt grüßen.

Er grinste, und Else von gegenüber und Ursula neben ihm lächelten. Sie hatten es auch gehört. Freudschaft.

»Eigentlich 'ne hübsche Beziehungsumschreibung für unsere Beziehung«, flüsterte Ursula ihm zu.

Tatsächlich war das medizinische Gemeinschaftsprojekt zwischen Russland und Deutschland eines, das sich aus der Psychoanalyse speiste, in der sich Russen und er, der Deutsche, trafen. Hatte das Sensibelchen von Präsident das gerochen und übernommen?

Er wartete bis zum Ende des Hauptgangs. Wollte dann reden. Es war schließlich zu teuer, dies Essen zu seinen Ehren, als dass er es sich selbst, Else, Ursula und den Gästen versaut sehen wollte. Wieso versauen? Versauen will ich ja gar nichts, dachte er. Erst als Ursula rechts und Smiley links von ihm sich gleichzeitig ihm leicht entgegenbeugten und zeitgleich rückfragten »Wie bitte?« und »Was versauen?«, begriff er, dass er mal wieder laut gedacht hatte.

»Bis jetzt habe ich nichts versaut«, sagte er laut, tippte auf sein Smokinghemd und die Hochzeitssuppe, »mit Ausnahme des Menü-Gangs hiernach, das habe ich versaut.«

»Wildschwein« stand da nach der »niedersächsischen Hochzeitssuppe«. Martin hatte zu Hause für ihn zwei Sauen für dieses Abschiedsdinner geschossen.

Der Präsident hatte ihn umarmt, und die Säue wurden serviert vom Catering-Service, dessen Chef nicht begeistert gewesen war, dass der Hauptgang »mitgebracht« werden sollte.

Während die beiden Wildschweine in ihren Einzelteilen serviert wurden, stand er kurz auf und informierte über die Herkunft der Säue, dankte Martin, dem Schützen, weiter unten am Tisch sitzend und etwas verloren in seinem besten Anzug mit Jägeraufsatzstücken an Schultern und Manschetten.

Der Hauptgang dauerte mit Nachreichen eine reichliche halbe Stunde. Danach, wenn den Gästen das Blut vom Hirn zwecks Verdauungshilfe zum Magen strömte, würde er anfangen, beschloss er.

Aber schneller als er stand der Minister auf und begann bedeutsam mit einem »Silentium!«. Ostfriese eben, und die reden, wenn sie reden, immer bedeutsam.

Während der ersten Worte des Ministers steckte er seine drei DIN-A4-Seiten – schon halb aus der Innentasche herausgezogen und mit den Fingern liebkost, schließlich wartete er auf diese Gelegenheit seit 2002 – wieder zurück.

Der Minister lobte norddeutsch nüchtern, sprach von Ära, von Pioniertum, von Kreativität und Realitätssinn, von erfolgreichem Management. Und die Gäste nickten bei jedem Wort.

Bei jedem Wort nickten immer andere Gäste. Menschen haben meist nur eine Meinung von einem anderen, kaum mehrere, ganz wenige eine so komplexe, wie der Mensch es nun mal ist.

Der Minister hatte eine etwas zu lange Atempause gemacht, und die war irreführend.

Er tastete schnell nach seinem Umschlag mit dem Rede-Skript und spannte sich, um aufzustehen. Jetzt!

Der Griff nach den Skripten, in denen er jede seiner Reden und Vorlesungen Wort für Wort vorschrieb, um dann frei zu sprechen, dieser Griff ersetzte derzeit die starke Hand, nach der er griff, wenn er abzustürzen drohte. Meistens war es Elses Hand. Oder es war einer der Griffe seiner Silberstöcke, mit denen er sich seit dem Weltkongress auch vor und in der Öffentlichkeit zeigte. Nachdem er jahrelang nur heimlich am Stock gegangen war. Bis dahin war er auffällig schnell und eilig geschritten, weil er so das Nachschleifen seines gelähmten Beins mit den zwei künstlich verstärkten Gelenken weitgehend verdecken konnte.

Eleganz, hatte er gelesen, entsteht durch eine Unebenheit, eine Unregelmäßigkeit, eine Abweichung vom Normalen, durch etwas, das verdeckt sein will, überlagert. Von Herpes auf der Lippe über unschöne Körperpartien bis zum polioverkürzten Bein; Ästheten verdecken sowas, und ein Außenstehender nannte es so: Eleganz. Marcel Reich-Ranicki hatte den Gedanken formuliert. Mal kein Psychologe. Nein, ein besserer als die professionellen.

Seine Skripte, beschriebene Papierseiten, waren die wichtigste Stütze in seinem Leben geworden. Knapp achtzig Bücher waren aus diesem Papier geworden. Meist Fachbücher. »Pflichtbücher, Fleißarbeiten« wie er sie nannte. Allerdings sehr erfolgreiche, teilweise sogar populär gewordene Fleißarbeiten. Herzblut waren ihm seine Romane, Kolumnen und Essays.

Ohne Pseudonym. Mit Pseudonym. Unter Pseudonym. Ein Pseudonym, das die wenigsten unter seinen heutigen Gästen mit ihm in Verbindung bringen könnten.

Der Griff diesmal nach dem Manuskript war wieder zu früh. Nein, zu spät. Die Atempause des Ministers war von dem russischen Uni-Präsidenten als Ende gedeutet worden, und so stand dieser jetzt auf und redete, langsam, bedächtig. Fast im Tempo eines Berners. Bern, das Zentrum für sprachliche Entschleunigung.

Die Russen, wenn sie Wichtiges sagten, konnten mithalten im schweizerischen Setzen der einzelnen Worte. Der Übersetzer legte dafür ein schnelleres Tempo vor.

Wieder: Er, der Abschiednehmende, sei ein Vorbild an internationaler Verständigung, an brillanter Wortkunst, ach – dasselbe, immer dasselbe. Sie kannten ihn nicht. Nicht seine Seele jedenfalls, die er hinter seiner Sprache verstecken konnte, die man mit seinem Seelenausdruck verwechselte.

Etwas aus der wahren Seele, seinem wahren Selbst, steht auf dem Skript.

Aufdrängen werde ich es müssen. Es will keiner haben wollen, keiner wissen wollen. Gerade heute nicht. Ich werde sie bitten müssen, das reden zu dürfen, was ich reden will. Muss. Ich werde bitten müssen um die unbescheidene Zeit, die ich reden will. Ohne Bitte reagieren sie gleich mit Abwehr.

Er schaute hinüber zu Else und traf ihren fragenden Blick. Sie saßen absichtlich nicht zusammen. Er hatte ihr gesagt, warum er darum bat, sich weiter von ihr wegsetzen zu lassen. Angst. Angst, dass er in unmittelbarer Nähe neben ihr weich werden könnte. Innerlich heulen könnte.

Oder sich nach ihrer Umarmung sehnen wie nach einem Mauseloch. Zum Verschwinden.

Bei Kerzenlicht sah ihre Haut um den mädchenhaft gebliebenen Geigenkörper aus wie damals. Neunzehn war sie, als er sie bei der Stundenplanbesprechung in der Hochschule zum ersten Mal sah und in jungpatriarchaler Unbefangenheit beschloss: Die! – Wenn sie nicht einen Patriarchen als Vater gehabt und grundsätzlichen Respekt gelernt hätte, diese Studentin, sie hätte ihm einen Vogel gezeigt. Und ihn ausgelacht.

Später dann, als er von seinem einseitigen Beschluss, sie zu heiraten, erzählte – da hatte sie nur mehrdeutig gelächelt.

Er liebte sie. Besonders nach Abreisen, wenn er die Momente vorhin noch genossener Symbiose verlängerte, indem er den Becher in sein Reisegepäck einpackte, aus dem sie zuletzt getrunken hatte. Indem er das Handtuch mitnahm, mit dem sie sich morgens noch abgetrocknet hatte ...

Er schärfte, verfeinerte diese Rituale der ganz frühen, blinden Verliebtheit in sie. Sie, eine seiner ersten Studentinnen. Er verfeinerte mit dem Genuss der Erfahrung der Zwischenzeiten. Jahre, Jahrzehnte.

Zeitweilig lebten sie eine Kapitänsehe: Wochenlange Trennungen. Seine Liebe war umso größer, wenn die Tür zwischen ihm und ihr nach dem Abschied in das Schloss fiel.

Manchmal besang er seine Liebe zu ihr, seine Bewunderung, mit Kirchenliedern.

»In dir ist Freude
in allem Leide,
o du süßeste Liebste du.
Durch dich ich habe,
himmlische Gabe,
du die göttliche Wonne bist.«

Er hatte denselben Spaß an seinen kleinen Textänderungs-Sünden wie andere an profan-derben Wirtinnen-Versreimen.

»Die animalische Komponente des Sex im Vergleich zu Agape und Eros«, formulierte er in seiner Vorlesung über Sexualtheorien in verschiedenen Gesellschaftsstrukturen, »zeigt sich verdeckt durchaus in manchen Liedern auch unserer christlichen Kirchen. Die Derbheit der ›Wirtinnen-Verse‹ ist nur graduell von manchen Kirchenliedern zu unterscheiden, in denen der direkte sexuelle Bezug sublimiert wird durch die Adressierung von dem Bräutigam Jesus, von Gottvater.«

Blasphemie? Er grinste und erinnerte sich an seine Familie, in der es von Geistlichen wimmelte. Die gewagtesten Witze vorwiegend über Gott, weniger über die Welt, kamen aus Pfarrhäusern. Und zwar immer aus dem eigenen Lager die frechsten, provokantesten. Lutherische Witze aus evangelischem, katholische aus dem römischen Lager. War Jesu Grab am Ostermorgen nun voll oder leer? Glaube war solchen Fragen übergeordnet. Hatte er gelernt. Und leitete seine Vorstellung und Nutzung christlicher Ethik von »Religion« wörtlich übersetzt ab nicht nur als »Bekenntnis« von »religio«, sondern von »relegere«, immer wieder lesen. Und er las sie immer wieder, die Bibel, und sah sie als eines der verschiedenen Bezugssysteme für Seele und Geist an und – in Maßen rezipiert – nicht als suchtgefährdendes Opium fürs Volk.

Jetzt am Tisch saß Else ihm auch nah, nur schräg gegenüber. Und ihr Gesicht war meistens ernst. Ernst und schön. Keine Gefahr des Umkippens seines Plans. Eher im Gegenteil.

Der im Tempo Berndeutsch redende Russe war fertig und kam um den ganzen Tisch herum mit einem wunderschönen Mahagoni-Kasten, den ihm ein Ober von hinten zugereicht hatte. Getragen von der Klatschwelle der Gäste überreichte er das schöne Stück. Der Kasten hätte ihm als Geschenk schon gereicht. Er liebte Taschen, Kästen, Gefäße, um etwas hineintun zu können. Wie ein Mann in eine Frau etwas hineintut. Freud ließ schon wieder grüßen.

Er stand zu seinem Triebsystem, das er so verfeinert, so feminin sozialisiert hatte, dass es gar nicht als unangenehm männlich auffiel. Im Gegenteil. Man liebte das »gentle« im »man« in ihm.

Der Kasten wurde aufgeklappt: Sechs handgetriebene Silberbecher waren darin. Russisch-byzantinische Motive. Wie die Kirche im Zarengarten in Moskau mit dem Blick über die Moskwa auf die Skyline dieser Stadt, die ebenso unregierbar war wie das Land. Jedenfalls demokratisch unregierbar. Autokratie schien das einzig Mögliche.

Silber – sein Lieblingsmetall.

Silber als bewusst erlebtes Symbol war sein Erbe, das einzige nennenswerte Erbe aus dieser Geistesfamilie, die außer ihrem Alter und ihrer schattenschweren Bedeutung nur ein paar seit der Barockzeit durch die Generationen mitgeschleifte alte Sitzmöbel und wenige Originale an den Wänden als »Besitz« buchstäblich besaß.

Silber, der Schein des Mondes, der die Hälfte seines Wappens ausmachte, das er seit Jahrzehnten im Ring trug. Immer. In der Badewanne, beim Abwaschen in den Küchen, in denen keine Spülmaschine war.

Silber als Symbol für den Mond, der sein Licht von der Sonne lieh.

Die Arbeitgeber seiner Vorfahren, die Herzöge von Celle, später Hannover, später die Könige, hatten dies Wappen verliehen, weil seine Vorfahren eben dies sollten: Als Monde die Sonne des Fürsten spiegeln, indem sie für die Sonne arbeiteten. Als Geistliche, als Dichter, als Ärzte. Eine Landesfamilie.

Oder eben auch Mond, wie es die Freimaurer deuteten: Dann, wenn das Strahlen der Sonne sinkt, abwesend wirkt, steht der Mond mit seinem Licht als Stellvertreter, als Garant, als weitergebender Spender für das Licht der weltlichen Herscher und Gottes als dem Schöpfer des Kosmos. Mond als Mittler, der das Licht entgegennimmt und weitergibt. Mond als Spender der Zuversicht, wenn das originale Licht woanders leuchtet.

So sah er seine Vorfahren in der Mittlerrolle zwischen den Herzögen und späteren Königen und dem Volk, wenn es um die weltlichen Berufe in seiner Familiengeschichte ging. Und zwischen Gott und der Gemeinde, wenn es um die unzähligen Geistlichen ging.

Die inneren Bilder bei dem großzügigen Silbergeschenk steuerten ihn, und er machte, was er jetzt machte, ohne Nachdenken: Er nahm einen der silbernen Becher heraus und schenkte sich ein, blieb dabei stehen.

So! Jetzt war es möglichen Nachrednern, Muss-Rednern und Möchtegern-Rednern klar, dass er reden wollte. Der Russe kehrte nach den drei Küssen auf seinen Platz zurück. Kuss links, Kuss rechts. Dem russischen Bruderkuss in die Mitte auf den Mund wich er inzwischen geschickt aus, indem er die Leichtigkeit des französischen Tripelkusses nutzte und einfach mit dem dritten Kuss wieder auf die erste Wange rückkehrend schneller war als jeder Russe.

Lebhafter Applaus, anhaltend. Der leitende Ober winkte seine Kolleginnen und Kolleginnen wieder zurück, die gerade mit dem Dessert den Saal betreten hatten. Die hatten begriffen. Außerdem hatte er sich erkundigt, dass das Dessert nichts Warmes war, keine warme Himbeersauce auf Eis oder sowas. Er machte nichts kaputt mit seiner Rede. Jedenfalls nichts vom Dessert kaputt.

Also – jetzt!

Ruhe vor dem Sturm

»Sie spürten und wissen hoffentlich alle in den Jahren unserer Zusammenarbeit ...«, begann er mit normaler Lautstärke seiner jetzt klaren, unverschleimten, baritonalen Stimme.

Er hörte sie zutiefst erleichtert, seine Stimme. Seit der Chronifizierung der Bronchitis konnte er die Verschleimung seiner Sprechstimme nicht mehr direkt beeinflussen. Er nahm die Beziehung zu seiner Stimme inzwischen auf wie zu einem launischen Gegenüber. Wenn er entspannt war, meldete sie sich durch elendes Räusperbedürfnis. War er hochgespannt, lampenfiebrig, dann klarte seine Stimme auf.

Vor aufregenden Vorträgen und bettelähnlichen Verhandlungen wegen Drittmitteln für die Forschung, für Stipendien, für neue Vorhänge und Computerausrüstungen betete er zu demselben Gott um eine - nein, nicht reine Seele, sondern reine Stimme. Er wusste, was davon abhing.

»Sie spürten und wissen hoffentlich, dass ich meine Arbeit liebe, meine Arbeit mit Ihnen liebe.«

Er sah erwartungsgemäß in freundliche Gesichter, in sehr freundliche. Vereinzelt strahlende, liebevolle. Schließlich ging er aus den Ämtern und hinterließ ihnen jede Menge Lücken, die sie umgehend besetzen würden. Seine Posten als Herausgeber, seine Vorsitze in den Gremien, unbezahlte wie bezahlte, jedenfalls immer ehrenvolle. Nur an seinem Lehrstuhl würde gespart werden. Indem man ihn erstmal vakant hielt. Wie alle anderen Lehrstühle in dieser Nation, die durch Emeritierung Leerstühle wurden und die man erst einmal nicht besetzte, um nicht die hohe Pension der Alten zeitgleich zahlen zu müssen zu den Gehältern der Neuen.

Mensch weiter, rede weiter, die warten. Du musst reden! Guck auf das Papier, wo du gerade bist.

»Ich bin sehr dankbar für das Privileg, von meinen verschiedenen Dienstherren, den Ländern Nordrhein-Westfalen, Hamburg und Niedersachsen und im Ausland über unsere Kulturstiftungen eigentlich immer nur bezahlt worden zu sein dafür, mit Menschen zusammen sein zu dürfen. Beauftragt und bezahlt zu sein für professionelles Zusammensein.«

Lächeln, einzelnes Lachen. Es nahm ab, das Lachen. Die ersten unter ihnen begannen vielleicht etwas zu spüren, was noch gar nicht hörbar war in seinen Worten. Gutes Publikum, sein Publikum. Ja, ja – warum ich fühle, was du fühlst. Warum die fühlen, was ich gleich sagen will, weil ich es schon mitbringe. Die Spiegelneuronen lassen grüßen, indem sie langsam in die Gänge kommen.
  Du musst weiterreden, Mann! Weiter! Studiere nicht die Gesichter. Manipuliere sie. Alles Sprechen ist Manipulation.

»Lehrerinnen, Hochschullehrerinnen, Ärztinnen, Kindergärtnerinnen und wir Therapeutinnen (die Wahl der weiblichen Form und sein ›Wir‹ provozierte, was er wollte: Erneutes Lachen) – alle werden wir dafür bezahlt, dass wir professionell mit Menschen zusammensind. Das ist sogar mehr als ein

Privileg. Das ist ein Geschenk! Es ist ein Geschenk, sich den Menschen gutbezahlt widmen zu dürfen, die uns brauchen, obwohl wir sie auch brauchen. Sonst besäßen wir keine berufliche Identität.«

Noch hatten sie kein Wissen, wohin er sie führen würde. Nur Ahnung. Außer Else. Die wusste. Sie schaute wieder in dieser forschenden Aufmerksamkeit auf ihn, die ihn früher geärgert hatte, wenn sie in seinen Vorträgen zuhörte. »Positiv verstärkend gucken!«, bedrängte er sie, »Gerade dann, wenn ich absacke oder wirklich schlechter werde – dann brauche ich Support, Menschenskind! Keine Bestätigung meiner beginnenden Sorge, dass ich schlechter werde. Du kannst mich steuern!« Und in Seminaren predigte er: »Der wichtigste Spiegel für den Menschen ist der Mensch. So wie Sie das Gegenüber, einzeln oder als Publikum, ansehen – so entwickelt es sich! So wie ich mich jetzt, während ich auf Sie schaue.

Wir können, wenn wir Publikum sind, einen begabten Akteur da vorne zur Sau machen – oder einen ängstlichen Anfänger zum Strahlemann aufbauen. Nur durch unsere Art, wie wir ihn anschauen, wie wir als Spiegel sind, in den er schaut. Gerne schaut, weil er das Interesse sieht. Oder er schaut weg, weil seine Angst vor Misserfolg beginnt. Im Fall eines solchen Misserfolgs steht am Ende die Scham über diesen. Scham, an der wir als Publikum immer Anteil haben.«

»Es ist mir wichtig, dass Sie das alle noch einmal hören: Mein Beruf, unser Beruf, unser Zusammenarbeiten in diesem Beruf, der professionell mit Menschen umzugehen sich anmaßen darf, ist mir ein Geschenk gewesen. Aber nach dieser positiven Bewertung will ich zum Abschluss meiner Amtstätigkeit auch sagen, was ich Ihnen seit einer genau zu bestimmenden Zeit sagen will, aber aus Gründen der Disziplin und des Schutzes meines Amtes und der mir anvertrauten Menschen nicht zu sagen wagte.«

Erneutes Lachen. Warten auf eine seiner ebenso beliebten wie erwarteten paradoxen Gedankenführungen. Die haben doch noch keine Ahnung.

»Ich will mich von Ihnen auf eine ehrlichere Weise verabschieden, als ich es täte, wenn ich hier Lob und Ehre und dazwischen Essen einnähme und Ihnen als Dessert nach dem Dessert das bei Abschieden übliche Dankeschön sagte für die Zusammenarbeit. Die übliche Bitte um Verzeihung formuliere gegenüber denen, die ich unwissentlich in meinen Amtszeiten verletzt haben sollte, verletzt haben könnte …
 Ich werde aber nichts Übliches sagen.
 Dafür bitte ich Sie um ein Abschiedsgeschenk: Zeit für eine lange Rede, genauer: Ich bitte Sie um die Zeit einer Doppelvorlesung: Zweimal fünfundvierzig Minuten, anderthalb Stunden.«

Lachen, vorsichtiges Kopfschütteln, Verblüffung, gemischt mit Ratlosigkeit auf den Gesichtern. Auch Unmut. Wie bei Kindern, denen man ein beliebtes Spiel versagt. Hinten hörte er eine Stimme, die gedehnt wiederholte: »Zweimal fünfundvierzig Minuten – anderthalb Stunden …« Nicht wiederholend, sondern zusätzlich fügte die Stimme seufzend hinzu: »O Gott!«

»Ich will mit Ihnen zwischen den zwei Wildschweinen, die wir jetzt in uns haben, und vor dem süßen Quark, alternativ Früchte aus meinem Heimatdorf, also vor der ersten Nachspeise – ich will mit Ihnen nachdenken über die vier lehrreichsten Erfahrungen in meinem Leben:

Die erste: Was mich die Erfahrung mit Liebe lehrte.

Die zweite: Die Lehre aus meiner Erfahrung mit Neid.«

Köpfe neigten sich zueinander, kurz tuschelnd oder wortlos.

»Die dritte: Die Lehre aus meiner Erfahrung mit Schuld. Diese werde ich Ihnen vor den Digestifs vom Burgunderhof meines Freundes Heiner mitteilen und danach – vor dem Kaffee – meine vierte Erfahrung:

Die mit Schuld und in ihr mit Kunst.

Die Küche weiß Bescheid. Die Toiletten sind links neben der Garderobe. Vielleicht nutzen Sie sie jetzt. Vor dem Nachdenken über Liebe, Neid, Schuld und Kunst.«

Er hatte sich diese Toilettenanmerkung als vor- und grundschulpädagogische Hilfe von Else gemerkt, die diese immer vor Aufführungen oder Schulkinofilmen den Schülern gab, damit durch deren Pipi keine Dauerstörungen garantiert waren.

Aber keiner erhob sich. Nichtmal Tante Ulrike vorne rechts am Tisch, die immer ihre schwache Blase vortäuschte, um auf den Toiletten eine heimlich zu rauchen. Auch Kathi stand nicht mit ihrem wieder einmal neuen Lover auf, mit dem sie sonst jeden nur möglichen Moment verschwand, um sich in einer Nische abzuknutschen.

Er verlangsamte nochmals das Tempo.

»Liebe – Neid – Schuld – Kunst. Die vier Schlüsselwörter sind große Wörter, riesige Wörter. Für mich umfassen sie das ganze Leben, wenn es denn für den Menschen das Geschenk eines umfassenden Lebens gibt.

Den Wörtern wie Liebe und Neid, Schuld und Kunst begegnen wir vor lauter Größe mit Abwehr. Wie der Trias ›Glaube, Liebe, Hoffnung‹.

Aber ob wir Wörtern mit Abwehr oder Heiligsprechung begegnen: Ihre Bedeutung wird dadurch nicht kleiner. Heiliggesprochene Wörter werden ja durch unsere Abwehr oder Schändung nicht weniger heilig. Das Böse, das Infernalische wird auch nicht weniger durch unsere Abwehr.

So wie alles uns Heilige erst mal geschändet werden muss, bis es sich uns als heilig zeigt: Von Jesus als dem Vorbild christlicher Menschheit angefangen bis zu unseren seltenen Momenten tiefer Liebe ohne Absicht, ohne Zweck, ohne Ziel.

Solche Liebe, die wahre, sie wird dann von uns mit Füßen getreten. Solange, bis sich auch wahre Liebe in ihr zugehöriges Gegenteil verwandelt. In Hass.

Ich will nachdenken mit Ihnen, wie Liebe und Kunst es ermöglichen, Neid und Schuld auszuhalten, sowohl die, die man uns antut, als auch die, die wir anderen antun. Ohne die Erfahrung von Liebe (ich sage gleich, welche Varianten ich von ihr meine), ohne die Erfahrung mit Kunst wäre ich im Glutofen des eigentlichen Elends meiner letzten vergangenen Jahre umgekommen.

Denn es sind elende Jahre, die ich heute beschließe, und Sie haben alle Anteil an diesem Elend.

Ein Onkel ging mir jahrzehntelang auf die Nerven mit seiner stereotypen Verabschiedungsformel: ›Bleib ein anständiger

Mensch – ich weiß, wie schwer das ist.‹ Er war evangelischer Bischof, dieser Onkel, und hörte in den Ohrenbeichten seiner Pastoren eben ständig vom Elend, das sich in einem Pfarrhaus als Kulturträger umso mehr einnistet und Eier legt, als die Bewohner des Pfarrhauses in der Vorbildfunktion für die Gemeinde wetteifern.

Er, dieser Onkel übrigens, schickte ganz manchmal jüngere Amtsbrüder, die ihm in der Ohrenbeichte ihr Leid über die sexuellen Verkümmerungen ihrer Ehen unter dem Damoklesschwert der Vorbildfunktion in der Gemeinde klagten, in ein Bordell. ›Besser, sie explodieren mal an einem solchen Ort sexuell, als dass sie das im Pfarrhaus tun. Oder in ihrer Seele.‹«

Befreites Lachen, Hoffnung in Gesichtern, dass er so weitermachen möge. Wie sonst auch: Befreiend redend, Ernstes in Heiteres einpackend.

»Eine halbe Stunde lang will ich mit Ihnen meine Betterfahrungen teilen.«

Wieder Gelächter, aber kein freies, eher ein gefangenes Gelächter, registrierte er. Das Wissen setzt sich durch, dass diese Rede kein Hörvergnügen, kein Hörbuch von mir sein wird.

»Ich meine die Betterfahrungen in meiner Kindheit und ersten Jugend wegen Krankheit.«

Er hob den Stock neben sich hoch und ließ den Griff, aus Mutters silbernen Esslöffeln handgeschmiedet, mit dem Wappen am äußeren Griffende, einmal sich drehen über den Köpfen.

»Ich werde diese vier Erfahrungen alle beziehen auf den Ihnen bekannten Mord an mir, den Rufmord und seine Folgen.«

Vereinzeltes Nicken, nach dem die Köpfe meistens unten blieben, hier und da neigten sich benachbarte Köpfe zueinander, aus dem Tuscheln wurde ein Flüstern.

»Ich komme Ihnen auch moralisch. Indem ich mit Ihnen nachdenken will, wie ich mit Neid vertraut wurde. Und wie ich mit ihm täglichen Umgang übte. Denn Neid verbindet uns hier allesamt. Er verbindet mich mit Ihnen allen, die Sie auch allesamt mit Neid leben müssen wie ich, mit Neidern leben müssen und mit Ihrem eigenen Neid, mit der Beneidung anderer.«

Jetzt hatten alle verstanden. Auch die ausländischen Gäste ohne Übersetzer, die nichts Konkretes verstanden, zeigten in den Gesichtern eine sich nähernde Bedrohung.

»Aber beginnen wir erst mit dem Thema Liebe. Genauer: Mit meinen Bettgeschichten.«

Bettgeschichten

Ich war vom zweiten bis zum fünfzehnten Lebensjahr krank, wie einige wissen. Aber die Hirnhautentzündung und Polio, die zweimal Tbc und einige Kinderchen, die diese Krankheiten meiner Kindheit kriegten, empfand ich selbst niemals als Bedrohung, die von außen kam, als Beeinträchtigung oder gar als Behinderung. Bedrohung lernte ich erst kennen, als ich mir selbst welche ausdenken konnte, angeregt durch Erzählungen, durch Märchen, durch Sagen.

Ich bekam die Außenwelt in mein Bett geliefert durch Erwachsene, die mir vorlasen, Geschichten erzählten, bis ich mir selbst welche erzählte, später selbst las. Erwachsene, die mit mir mehr sangen als sprachen. Die, mit mir als Hauptdarsteller, Theater spielten, vorausgesetzt, ich war fieberfrei. Hatte ich wieder Fieber, dann lebte ich als Zuschauer fürstlich in meiner Bettloge.

Meistens spielte meine Mutter mit mir, dann deren fünf Geschwister, manchmal sogar Großmutter und, selten, dann aber als Top-Event, mein Großvater. Außerdem war der Spielplatz an meinem Bett sehr beliebt bei der Pfarrsekretärin, Frau Bewert, bei den Mädchen von der Kindergottesdienstvorbereitungsrunde, bei den Vikaren und deren Bräuten. Die Bräute der Vikare und meiner Onkels – sie wurden Objekt meiner leidenschaftlichsten und hoffnungsvollsten Träume. Mit ihnen durchlebte und durchlitt ich meine zahllosen ebenso schmerzhaften wie feurigen wie unerfüllten Liebesgeschichten, wenn sie sich von meinem Bettrand erhoben und zu ihren Männern gingen.

Nachdem ich mit etwa acht oder neun Jahren alle Novellen von Theodor Storm gelesen hatte, wollte ich sie alle heiraten. Nacheinander. Ob nun siebzig oder siebzehn. Ich entflammte täglich für irgendein weibliches Wesen an meinem Bettrand.

War ich mal allein, weil meine Mutter mit ihren Unterrichtsstunden in den Schulen und im Konfirmandenunterricht keine Vertretung gefunden hatte, dann schnitt ich Burgen aus Ausschneidebögen aus, die ich zusammenklebte und Theodor Storms Liebespaare ebenso in den von mir umbauten Burgräumen turteln ließ, wie tapfere Ritter ihre Turniere ausfechten. Ich formte Tiergestalten aus Ton und erste Musikgestalten aus Tönen, erlebte magisch Unberechenbares in meinen Fieberträumen als Ausgleich für die zwanghaft-berechenbaren Tagesabläufe, von denen ich nicht wusste, dass es die eines besonderen Menschen waren, eines abgesonderten Menschen: Eines Patienten.

Mein Tagesablauf stukturierte sich streng: Da gab es vom fünften Lebensjahr an Unterricht in Musik, was hieß, dass Mutter und ich sangen, flöteten, oft auch sie am Klavier und ich mit der Flöte oder ich mit ihrem kleinen, rotweißen Schifferklavier im Bett, wozu sie sang oder flötete. Dann gab es Kunst: Mutters Kunstpostkartensammlung, die ständig wuchs. Ich schätze, dass es mindestens vier- bis fünfhundert Postkarten aus der Schulze'schen Buchhandlung und dem Bomann-Museum war, durch die ich Malerei, ihre Geschichte und besonders die ihrer Maler ebenso kennenlernte wie die Stilelemente der Architektur.

Neben diesen Stunden, die im Tagesablauf ebenso festgesetzt waren wie Mutters Unterricht drüben im Konfirmandensaal, kam die Krankengymnastin, kam Dr. Ross, der Hausarzt, und immer mal wieder Dr. Kappenberg, mein Facharzt. Und dann kam die Schulzeit. Vom sechsten Lebensjahr an ging ich zur Schule, das heißt, die Schule kam zu mir. Privatunterricht in allen Fächern. Ich war begeistert von allem Neuen, solange ich es verstand. Und mein Verstand glitt immer wieder aus und in Phantasiewelten hinein und damit auch die Schulzeiten im Bett: Wegen Fieberphantasien.

Nein, Krankheit war für mich ebenso wenig bedrohlich, wie mir meine Nachtwandlereien aus dem Bett durch das Pfarrhaus bis in den zweiten Stock an die meinetwegen doppelt gesicherten Fenster bedrohlich waren. Nur für meine Mutter, meine Großeltern, meine sechs Tanten und Onkel, die Hausangestellten und die im großen Haus untergebrachten Flüchtlinge und Gäste war das Leben dieses nachtwandelnden Wesens, das ich war, bedroht.

Häufigen körperlichen Schmerzen verdankt ein Patient eine der wichtigsten, eine der besten Lebensfahrungen: Man stirbt lauter kleine Tode mit den im Augenblick oder für Zeitstrecken unaushaltbar scheinenden Schmerzen – und macht die Erfahrung der Wiederauferstehung. Das Leben, eben noch ein hoher oder dumpfer, ein spitzer oder stumpfer Schmerz, der alles an Wahrnehmung zentriert und einen gleichzeitig stumpf gegen alle anderen Reize aus der Umgebung sein lässt, wird wieder neu, wird frei, ist so schön.

Der langsam abziehende Schmerz wirkt beglückend, nicht der abwesende, der vergessen wird. Verschwindet Schmerz, dann ist es ein Phänomen, wie schnell auch der Schmerz vergessen ist. Alle Schwüre und Eide eines ehemaligen Schmerzkenners, in Zukunft jeden Tag zu loben und bewusst zu durchleben, der ohne Schmerz ist, wird ein Meineid: Nichts vergisst sich so schnell wie der eben noch das Leben bestimmende Zahnschmerz oder der Schmerz der Rückenmarkpunktion oder der Nerven, die den angesägten Knochen umkleiden.

Ich bin ein Mann und als solcher nur von ferne ahnend, was Geburtsschmerzen einer Frau sind. Aber ich stelle mir vor, dass schmerzerfahrene Männer und Frauen sich in dieser Lebenserfahrung der Wiederauferstehung in neue, schmerzlose, glückhafte Momente und Zeitstrecken hinein, treffen können.

Der Schmerz lehrt einen auch, unbewusst oder bewusst, was Integration ist: Keine Vermeidung, Verdrängung oder Zukunftsangst vor Schmerz, sondern Hineinnahme des Erfahrenen in das jetzt wieder oder eben noch Leichte, Lichte, Lustvolle.

Ich sehe also nicht ab oder weg von den vielen Schmerzen meiner Kindheit, sondern nehme sie und die Erfahrungen der ihnen folgenden Wiedergeburten hinein in eine parallele Erfahrung: Die Liebe einer umgebenden Großfamilie, wozu ich den Friedhofsgärtner Augustin, den Küster Voß, Fräulein Martha, die Vikare und so viele andere zähle.

Das Temperament in dieser Familie ist groß. Die meisten drängten nicht zufällig in Berufe, in denen es Gruppen, Gemeinden, Klassen, Studentenschaften zu leiten gab. Ich lernte später, dass zu den Hauptresilienzen, den Potenzialen eines Patienten zugunsten seines Umgangs mit Krankheit, sein Temperament gehört, und zweifellos war ich oft genug eine Last für meine Umgebung – wegen meines Temperaments. Mit eben diesem Temperament begegnete ich den Menschen, die mir zu Hause und in den Krankenhäusern, in den Sanatorien und sogar später in der öffentlichen Schule, in der ich ebenso kurzfristig wie erfolglos war, entgegenkamen. Denn dies taten sie: Sie kamen mir entgegen, und zwar gerne. Ich sang ihnen vor auf Kommando, ich erzählte bereitwillig Geschichten, während ich untersucht wurde – kurz: Das Familientemperament, das mich geprägt hatte, prägte auch meine Interaktion mit meinen Behandlern, so dass diese eben dies gerne taten: Mich zu behandeln.

Ich durfte die Karriere der Liebe durchleben: Erst die Karrierestufe als Kind, das die Erfahrung macht, absolutes Zentrum des Geschehens um sich herum zu sein, von allen geliebt – ohne jede Bedingung.

Daraus wächst die zweite Karriere der Liebe, die sich nur aus der ersten heraus ergibt: Sich selbst lieben zu lernen. Die ganze Allmacht des geliebten Kindes führt zum Empfinden, man selbst sei alles, das Bewundernswerteste, Geliebteste. Kindlicher Narzissmus eben.

Wenn dann der erste Lack abgeht und die kleinen und größeren Erkenntnisse folgen, dass die Welt sich nicht nur um einen selbst dreht – dann wächst sie, die Fähigkeit zur dritten Karriere: Das Du zu lieben, die Dus dieser Welt zu vollkommenen Idolen zu machen und – wo man schon selbst nicht vollkommen ist – möglichst ein Teil von ihnen zu werden. Kurz: Die Endstufe der Karriere der Liebe ist neben der Begeisterungsfähigkeit für sich selbst diejenige für das einzelne Gegenüber, für ganze Gruppen.

Wenn wir Glück haben, richtig Glück, also ein Geschenk – dann entwickeln wir so etwas wie Liebe zu den Menschen schlechthin.

Ich komme Ihnen, jawohl, fromm: Die Weihnachtsgeschichte bei Lukas 2. endet – korrekt übersetzt – so: Frieden den Menschen, die guten Willens sind. Dieses ›Wohl-Wollen‹ würde schon reichen für eine gut austarierte, flexible Waage eines gesunden Narzissmus, in dem sich mal die Waagschale neigt, in der wir spüren, wie guten Willens die Beziehung zu einem selbst, zum eigenen Selbst, ist. Und wie sich in einer anderen Situation diejenige Schale senkt, in der wir dieses Wohlwollen dem Gegenüber gegenüber empfinden und zeigen können.

Selbst wenn ich diese Großfamilie für die Klinik- und Sanatoriumsaufenthalte verließ, verfolgte mich Liebe. So wie mich heute Hass verfolgt. Überallhin verfolgte sie mich.

Ich war neben den Chefärzten der Hauptpostempfänger. Zweimal wöchentlich kamen die Briefe mit Bildern und ausgeschnittenen Figuren, sogar einigen Fotos aus einer Kamera, die wegen ihrer Einknopfbedienung den Namen ›Idiotenbox‹ trug, weswegen wohl nur meine Mutter den Mut aufbrachte, sie zu bedienen.

Außerdem sorgte die Familie dafür, dass ich weitgehend von Freunden behandelt wurde. Mindestens kannten meine Behandler Freunde, und so kamen mir meist ›Bekannte‹ entgegen, die mich erst einmal von zu Hause grüßten und bei denen mir die Übertragungsbeziehungen von Mutter, Großeltern, Onkel und Tanten leicht gemacht wurde.

Abwehr erlebte ich auch. Biestige Krankenschwestern, grobe Krankengymnasten, unfreundliche Raumpflegerinnen. Ich lernte, damit umzugehen, indem ich sie mir vom Bett aus eroberte. Tag für Tag ein bisschen mehr Ansprache. Schlimmstenfalls ging ich mit der Abwehr dieser im falschen Beruf tätigen Menschen dadurch um, dass ich die Abwehr umging und ansprach. Beiläufig, nebenher, nebensächlich transportierte ich meine Wünsche nach möglichst freundlicher Kommunikation.

Nochmal zum Schmerz: Ich bin sicher, meine Damen und Herren, aus diesem erleichterten, begeisterten Zustand, dass Schmerz nachlässt und sich die Lust am Leben dahinter nähert – aus diesem Zustand sind ebenso viele große Phantasien, Visionen und Kunstwerke entstanden wie durch die Sublimierung unseres Sexualtriebs.«

Einige riskierten wieder ein Lachen. Spüren sie, dass mir diese Rede auch Erleichterung bringt, eine Art grimmiger Freude ist, die sie zu teilen beginnen?

»Schmerzhafter, bleibender und nachwirkender als physische Schmerzen waren die Folgen des Ausgewiesenseins von Zuhause, die Trennung von derjenigen Gruppe, die mir die kranken Jahre zu den kreativsten machte.

Solche Trennungserfahrungen teilte ich übrigens mit Flüchtlingskindern, denen ich ab 1947 auch gleich gruppenweise begegnen sollte: Etliche von ihnen übernahmen die Spielpartnerschaft bei mir am Bettrand, wenn die Erwachsenen nicht konnten. Sie verstärkten mit ihrem Erstaunen über alles, womit ich mich im Bett umgeben fühlte, im Bett beschäftigte, Musikinstrumente, Ausschneidebögen, Bilderbücher, mein Bewustsein, dass ich ein wunderbares Leben führte.

Das Ausgewiesensein von Zuhause durch den Zwang, mich in Sanatorien aufhalten zu müssen, war übrigens hochwissenschaftlich begründet.

Nach der Meinung damaliger Psychologen, überwiegend Männer, mussten kranke Kinder weg von Zuhause, damit sie stabile Beziehungen zu Arzt und Schwester aufbauen konnten. ›Ungestörter Aufbau von Übertragungsbeziehungen‹ ...

Meine Mutter war autoritätsgläubig und glaubte, gegen ihren Willen und Instinkt. Die mehr als tausend Briefe, die mehr als hundert Päckchen und die Bilder aus der Idiotenbox waren ihr postalischer Ausdruck des Widerwillens, ihr einziger Ungehorsam gegen die Ratschlagenden.

Meine Mutter sah ich nur zweimal weinen, nein, nur fast zweimal, denn das erste Mal wandte sie sich mit den ersten Tränen gleich ab. Das war sehr früh, und ich erinnere mich, dass ein ganzer Tross mein Bett in dieser Klinik in Bethel umstand: Mehrere Gestalten in Weiß, die Ärzte um den Chef Dr. von Bernuth und die Schwestern, dann Mutter in meinem Lieblingskleid, einem grünen Trachtenkleid mit dem reich verzierten Hugenottenkreuz, die Großeltern in Schwarz. Alle waren voller zuwendungsreicher Aufmerksamkeit, flüsterten nur manchmal halb abgewandt.

Damals wandte sich Mutter von mir ab, und ich ließ mich ablenken von den Versprechungen der Menschen in den weißen Kitteln, dass die schwarz und dunkel Gekleideten bald wiederkommen würden.

Das zweite Mal weinte Mutter offen, als ich ihr mitteilte, dass ich selbst gerne in die Psychologie und Psychotherapie gehen wollte. Sie hatte, wie man bei uns im Hannöverschen sagt, ›einen Piek‹ auf diese Leute, die heute genau das Gegenteil von dem predigen, was sie vorher verkündet haben: Damals konsequente Trennung, heute Rooming-in.«

An einem Tisch gegenüber dem einen Schenkel der U-Form in der Tischordnung führen zwei Frauen Tempo-Taschentücher an ihr Gesicht. Die eine an die Augen, die andere an die Nase. Verdammt, ich werde sentimental! Weg von den Szenen, die für mich biografisches Material sind, für andere offenbar Rührstück. Er sprach schneller.

»Es stimmt also, was mir der Mörder meines Rufs heute im Internet vorwirft: Ohne die Fürsorge meiner Familie wäre ich nicht, was ich wäre. Ich gehe noch weiter: Ohne die Für-Sorge meiner Familie wäre ich nicht mehr.«

Jetzt hab ich sie wieder alle. Das Schlüsselwort vom Rufmörder schließt sie alle wieder auf. Ich kann wieder verlangsamen. Das Rührstück ist zu Ende.

»Unendlich viel Freiheit hatte ich auch mitten im Bett, das mir erst später Andere als Gefängnis bezeichneten: Fast keine Schule, fast nur privaten Unterricht, dessen Fächerwahl sich an meiner Gesundheit und meinen Neigungen orientierte. Ich sprach eher und besser Latein als Englisch. Ich schrieb eher auf Notenpapier als in Schreibhefte und malte mit Buntstiften und Wachsmalkreide, bei Fieberfreiheit auch mit Wasser- und Aquarellfarben, was die Papiere erlaubten und über die papierenen Grenzen hinaus auf meine Bettdecken.

Ich erinnere mich an diese liebevollste Zeit meines Lebens mit Dankbarkeit. Sie ereignete sich zeitgleich zu den Jahren, in denen ich durch die Krankheit in ein Exil ging, das ich gar nicht als solches erkannte: kein Kindergarten, keine Spielkameraden auf der Straße, keine Volksschule, keine Versetzungen. Dafür Liegen, Liegen, Liegen. Die Energie, die andere in die Sozialisationsinstanzen investierten, ins Spiel und den Kampf im Sandkasten, im Kindergarten, investierte ich woandershin. In die Welt meiner Interaktion mit Erwachsenen, in meine Interaktion mit den Medien Büchern und Noten. Schulisch wurde ich auf dem Papier versetzt, von Klasse zu Klasse. Ich trug im Bett die jeweilige Schülermütze der Klasse des Gymnasiums, in der ich als Gesunder hätte lernen sollen.

Ich trug diese Schülermützen, die Großvater mir bei Hut-Höper am Großen Plan mit Wissen des Direktors des Gymnasiums kaufte (›gutes pädagogisches Motivationsinstrument für Ihren Enkel, unsere Mützen‹) mit Stolz, und ›Gymnasium‹ war für mich das Bett. Gymnasium war für mich der Neuenhäuser Friedhof, auf dessen Adelsfeld unter der Esche der Unterricht meiner Mutter in Sprachen und Rechnen dann stattfand, wenn ich ›raus‹ durfte und das Wetter danach war. Auch Geschichte unterrichtete sie dort auf den Plattengräbern am liebsten, und sie definierte Geschichte meist durch die Geschichten einiger Vorfahren, über deren Zinksärgen wir Schule trieben.

Ich sollte diesem Irrtum, was Schule sei, einige Jahre lang erliegen.

Mein Rufmörder verbreitet im Internet über meine Karriere ›mehr Schein als Sein‹. Für diesen Zeitabschnitt, damals im Bett mit den wechselnden Schülermützen je nach Schulklasse, hat er vielleicht ...«

Er zeichnete mit beiden Zeigefingern imaginäre Gänsefüßchen in die Luft und pausierte vor dem folgenden Wort:

»... ›Recht‹.

Meine Umgebung spielte das Spiel ›Alles ist normal‹. Aber für den ganzen Rest meines Lebens erliegt er dem Irrtum seiner Psychose, die ihm die Befreiung der Gesellschaft von meiner Person diktiert.

Er lebt in dem krankmachenden Wahn, er müsse mich zugunsten der Gesellschaft eliminieren, vernichten. Eine Euthanasie des Abweichenden, Unnormalen, und gleichzeitig der eigene Selbstmord eines psychotischen Rufmörders.

Seine Forderung an die Behörden, mir meine Titel zu entziehen, seine Bemühungen, die Berufungen in meine Ämter, aus denen Sie, meine Damen und Herren, mich heute ordnungsgemäß und in Ehren verabschieden, als Irrtum, als Manipulation, als Betrug an der Öffentlichkeit darzustellen – sie sind auch Ausdruck der Fassungslosigkeit meines Rufmörders, dass eine Biografie wie die meinige zu öffentlichen Ämtern führen kann.

Darüber gestaunt habe ich übrigens auch. Mein ganzes Berufsleben lang.«

Jetzt war es draußen. Er sah, wie sie gewartet hatten. Gefürchtet hatten, dass er darauf käme. Hurra, es war draußen. Jetzt konnte er frei reden, weil sie frei waren von der Furcht. Indem er die Zielrichtung dieser Furcht ihnen bestätigt hatte, er könne und würde doch tatsächlich »darüber« reden.

»Ich war mit fünfzehn Jahren gesundet und in die Welt entlassen worden. Ich konnte keine Grundrechenarten. Aber ich konnte damals, was ich heute nicht mehr ganz so gut kann: Latein. Und Singen und Flöten und Klavierspielen, auswendig und nach Noten. Und Malen. Und Maschineschreiben. ›Erica‹

hieß die Schreibmaschine, die mein liebstes Spielzeug werden sollte.

Ich war damals und seitdem immer der beste Schüler meiner jeweils besten Lehrer. Die Lehrer hießen Krankheit, Liebe ohne Bedingungen – und die Künste als Ausdrucksmittel.

Vom offenen Auge der Justitia

Krankheit und Liebe soll viele, die viel krank waren und deshalb viel geliebt wurden, angeblich widerstandsfähiger, resistenter für das Leben machen. Die Psychotherapie fasst durchgestandene Krankheiten und erlebtes, unbedingtes Lieben als Resilienzen auf, als Kräfte, die den nächsten Rückschlag besser aushalten lassen.

Das hörte sich bei jeder neuen Krise in meinem Leben wie ein Gutschein auf seelische und körperliche Wellness an. Vor dem Jahr, in dem die Vernichtungsversuche meiner Person im Internet begannen, hätte ich wohl mit Mark Twain sagen können: ›Ich habe viel Schweres in meinem Leben erlebt. Das Meiste davon ist nicht eingetroffen.‹

Aber es kam dann für mich und kommt für alle unter uns hier, die öffentlich beneidet und daher Rufmorderfahrung haben, schlimmer als befürchtet.

Ich bin fast draufgegangen bei dem, was fünfunddreißig Jahre nach meinem schulisch, ›sekundär sozialisationsmäßig‹ misslungenen Start folgen sollte. Wenn es nicht – wenn es nicht ... – aber mein Opium gegen die seelischen Schäden schildere ich erst später.«

Nein, ich sage ihnen nicht alles, was ich hier im Skript geschrieben habe, auf das ich nur manchmal herunterschaue, um dafür mehr in die Gesichter, meine Spiegel zu sehen.

Ich sage ihnen nicht, was ich geschrieben habe. Dass die seelischen Schäden, die eine Dauerverfolgung beim Verfolgten auslöst, sich in einem opferspezifischen Phänomen zeigen: Der Verfolgte denkt bei zeitlich andauernder Verfolgung an seinen Verfolger ebenso langsam wie sicher mehr und intensiver als an die noch so geliebte Geliebte. Er denkt an seinen Verfolger mehr als an die geliebten Kinder.

Der Verfolgte ist mit seinem Bewusstsein mehr an den Verfolger angebunden und mit ihm beschäftigt als mit Kollegen, mit Untergebenen. Er ist mehr mit der Verleumdung beschäftigt als mit beruflichen Erfolgen, die der Verfolgte oft weiterhin hat, weil er in noch mehr Arbeit flieht. Gute Arbeit, gut getane Arbeit. Deretwegen der Rufmörder nur noch mehr tobt. Psychotiker entwickeln Energien, die ein Gesunder nie haben kann.

Gute, erfolgreiche Arbeit trennt also nicht von dem Menschen, mit dem der Erfolgreiche jetzt dauerhaft verbunden ist, seinem Verfolger. Die Distanz geht verloren.

Wenn es nicht das bewusste Denken an ihn ist, und wenn es nicht die letzten Fortsetzungsfolgen sind, die der Verfolger aktuell im Internet zeitigt, dann sind es die Tagträume, die Alpträume. Dann denken wir an den Verfolger, wenn wir eine geliebte Frau umarmen, denken an ihn, wenn es uns im Konzert auf einen wunderähnlichen Höhepunkt zuschwemmt, und mitten im musikalischen Orgasmus denken wir: Wie schön könnte dies jetzt sein, wenn nicht ...

Er räusperte sich. Die Pause für seinen Abschied von einigen Strecken im Manuskript war zu lang geworden, die Stimmbandmuskulatur und seine Bronchien hatten sich irrtümlicherweise zur Ruhe gesetzt und Sputum produziert.

»Sie, meine Damen und Herren, haben – wenn Sie Verfolgung und Verleumdung kennen – erlebt, dass Einladungen ausbleiben. Die Kongresse laden Sie nicht mehr ein als Keynote-Redner, die Sender, die sich um Sie gerissen haben, schweigen betreten, und der befreundete Chefredakteur sagt zu Ihnen: ›Du musst verstehen – solange das noch so herumgeistert ... Es muss Zeit drüber vergehen.‹

Das sind noch die Ehrlichen, die den Verleumdeten um Entschuldigung dafür bitten, dass sie öffentlich nicht mehr zu ihm stehen. Nicht mehr stehen dürfen, können, wollen.

Verletzender, zutiefst kränkend sind dagegen diejenigen, die den Verleumdeten, den sie eben noch selbst brauchten, Dritten gegenüber und in der Öffentlichkeit verleugnen zu müssen glauben.

›Sie arbeiten doch eng zusammen mit ...?‹

›Sie stehen ihm doch besonders nah ...?‹

Und wir hören unsere ehemals freundschaftlich Verbundenen und Kollegen ausweichen und umkehren: ›Wir arbeiteten lediglich zusammen – freundschaftlich verbunden? Nein, das nie.‹

In der Matthäus-Passion Bachs potenziert die Musik dieselbe Erfahrung Jesu mit Petrus grausam. Der Text des Evangelisten beschreibt den Dialog der Magd mit Petrus während der Vernehmung Jesu.

Die Magd: Wahrlich, du bist auch einer von denen, denn deine Sprache verrät dich.

Petrus: Da hub er an sich zu verfluchen und zu schwören: Ich kenne des Menschen nicht.

Danach lässt der Evangelist den berühmtesten Hahn der Weltgeschichte krähen. Und Petrus erinnert sich an die Prophezeiung Jesu: Ehe der Hahn krähen wird, wirst du mich dreimal verraten.

Nicht die Sprache verriet Petrus. Er verriet sich selbst – wie so viele meiner Verwandten, Kollegen und Freunde und solche, die es dringend sein wollten.

Oder aber: Wenn wir nichts Böses taten und uns Unrecht geschieht, dann werden wir von denen, die uns glauben, mit Geschenken der Liebe und Anerkennung bedacht.

Umgebungen von Verfolgten tun sowas, um dem Verfolgten einen Ausgleich für Schmach und Schande zu bieten.

Und dabei gleichzeitig einen Ausgleich für das eigene Schuldgefühl zu fühlen, wenn man selbst auch nur ein bisschen an die Hintergründe glaubt, die den Verfolgten an den Pranger des Internets schleppten.

Die Vergleichsmöglichkeit von uns Rufmordopfern mit dem prominentesten Opfer von Neid in der Weltgeschichte hört schlagartig auf, wenn wir Bachs Rezitativ folgen:

›Er hat uns allen wohlgetan,
den Blinden gab er das Gesicht,
die Lahmen macht er gehend,
er sagt uns seines Vaters Wort,
er trieb die Teufel fort.
Betrübte hat er aufgerichtet,
er nahm die Sünder auf und an,
sonst hat mein Jesus nichts getan.‹

Das sind wir Menschen nicht. Bestenfalls wohlwollend in der Absicht. Aber weder können wir uns auf Wunder berufen, die wir taten, nicht einmal auf durchgängige Ehrlichkeit und gute Absicht. Dafür bietet das eigene Dasein zu viele Gelegenheiten zu eigenem Neid und seinen fatalen Folgen.

Afterreden nennt das Alte Testament üble Nachrede, wenn sie hinter einem hergeflüstert wird, wie es die Hohenpriester, die Pharisäer hinter der Gestalt Jesu taten. Das kann ich meinem Verfolger nicht mehr anhängen. Sein Angriff ist – inzwischen – frontal. Öffentlich. Für jede und jeden les- und weitertragbar. Afterreden tun mehr die kleinen und großen Trittbrettfahrer.

Aftergeredet hat jener Freund meines Verfolgers, der sich bei gemeinsamen Kollegen immer schon erkundigt hatte, wo ich wann welche Qualifikation erworben hätte. Ja, du liebe Zeit bzw. Unzeit: Warum fragt so jemand nicht direkt? Ich hätte zusätzlich zu allen meinen Webseiten mitsamt Biografie und Vita meine offizielle Personalakte zu gern einsehen lassen, wenn ich die letzten Jahre Verfolgung damit auffangen hätte können. Aber er wollte nichts Direktes, nichts Offenes, nichts Öffentliches lesen, was ihm die Rechtmäßigkeit meines Lebens bewiesen hätte. Er suchte nur Graues, Schwarzes, nur Schein, nicht mein Sein.

Ich habe diesem Freund meines späteren Verfolgers damals einen Brief geschrieben, ihn mit seiner Neugier konfrontiert und eingeladen, seine Fragen direkt an mich oder an die Personalstelle meines Dienstherrn zu richten. Ich habe nie eine Antwort darauf erhalten.

Doch, an einem Julitag im regnerischen Irland. Da erschienen gleich viele seiner Antworten auf meine Einladung. Es waren die Zeitungen in Deutschland, deren Titelzeilen man mir am Telefon bedrückt durchgab. Titelzeilen, die in früheren Zeiten einige Tage oder Wochen später im Alltag vergessen gewesen wären. Die aber dank meines Rufmörders und der Archive von heute im Internet ewig halten.

Mit mir und meinem Namen wird auf immer verbunden bleiben die Wortserie: Betrug? Täuschung? Hochstapler-Karriere? Fragezeichen sind nicht strafrechtlich verfolgbar. Sie sind Untersteller. Sie garantieren Meinungsfreiheit für alles. Für *alles*, was wir einem anderen anhängen wollen. Mit Fragezeichen.

Bestandteil einer Psychose ist, dass der, der zunächst vielleicht aus der Bösartigkeit des Neides heraus Wirklichkeitsverschiebungen vornimmt, eines Tages daran glaubt. Fest glaubt.

Ich weiß, dass mein Verfolger inzwischen glaubt, was er schreibt, glaubt, dass ich die Gesellschaft schädige und er sie von mir befreien muss. Glaubt, dass ich ein Hochstapler bin, ein Betrüger, einer, der seine Ämter mit gefälschten Zeugnissen und falschen Titeln erschlichen hat, einer, der seine beruflichen Partner instrumentalisiert zu Filz und Verrottung.

Die letzten acht Worte sind allesamt Worte aus den fast vierhundert Web-Seiten im Internet. Es sind Worte, die mein Kreuz geworden sind.

Denn juristisch, schrieb mir ein bedauernder Staatsanwalt, kann man gegen Verletzungen der Persönlichkeitsrechte bei einem Prominenten fast nichts tun. Personen des öffentlichen Lebens, gar hervorgehobene Personen, die eigene mediale Wirkungsmöglichkeiten haben, müssen sich das Vielfache von dem zumuten lassen, wofür ein als ›Arschloch‹ betitelter Polizist bereits ein Schmerzensgeld von hundert Euro bekommt und der Beleidigende dazu eine saftige Strafe wegen Beamtenbeleidigung zahlt.

Seit sich unsere Politiker ebenso wechselseitig wie zunehmend des Betrugs, der Hochstapelei, des Wortbruchs, der

Nähe zum Dritten Reich und anderen dunklen Reichen öffentlich bezichtigen – seitdem ist Beleidigung, Unterstellung, Lüge juristisch nicht mehr verfolgbar.

›Wir können nur einzelne beleidigende, unterstellende Begriffe auf strafrechtliche Relevanz hin untersuchen‹, sagte ein Amtsgerichtspräsident auf meine fassungslose Frage hin, warum mein Verfolger nicht bestraft wird, ihm das Einstellen seiner Schmähungen ins Internet nicht untersagt wird: ›Gegen mich laufen im Internet Vorwürfe wegen Anstellungsbetrug, wegen falscher Titelführung, wegen Erschleichung öffentlicher Ämter – und das ist nicht strafbar, wo doch mein Dienstherr sämtliche Überprüfungen zu meinen Gunsten abgeschlossen hat? Sowas darf weiter da stehen?‹

Ja, es darf, es kann nicht untersagt werden. Denn wenn der Verfolger selbst Klage einreicht als weitere Waffe gegen sein Opfer – dann darf das Gericht dem Verfolger nicht verbieten, zu sagen, ›dass die und die Vorwürfe (gegen das Opfer) bestehen‹ ...

Sie wissen, dass mein Name in Verbindung mit dem eines Adolf Hitler oder des Rotenburger Kannibalen, des betrügerischen Klon-Forschers in Korea oder eines Goebbels im Internet genannt wird – das läuft unter Zumutbarkeit für öffentliche Personen. Für mich ist das aber nicht zumutbar. Ich empfinde es als strafbares Unrecht, das mir widerfährt.

Eine Richterin empfahl meinem Rufmörder immerhin, sich beim Stil seines Kampfs gegen mich daran zu erinnern, dass wir beide – er wie ich – Vorbildfunktionen in der Gesellschaft einnähmen. – Mehr sagte sie nicht.«

Er sah in das Manuskript und beschloss, wieder einen Absatz zu überschlagen. Der, in dem er die Garderobenfrau beschrieb, die ihre Richterin in Schutz nehmen zu müssen glaubte. Herrrrrgott – der Zornaffekt stieg sogar jetzt noch in ihm hoch, während seiner Abschiedsrede, vor allen Leuten. Reiß dich zusammen. Ich muss sie weglassen, die Garderobenfrau. Sie hatte Unfasslicheres gesagt als die Richterin selbst:

»Unsere Frau Dr. hatte es sehr eilig. Sie musste ihre zwei Kinder zu einem Kindergeburtstag bringen.«

Dies teilte die unerlaubt mitteilungsfreudige Justizangestellte an der Justizkasse, um Verständnis werbend, mit, als ich, neben der Kasse stehend und auf meine Reisespesen wartend, meine Fassungslosigkeit mit meiner Frau und meinem Anwalt im Gespräch teilte. Sie wollte mich wohl trösten, die Rechtspflegerin, und nahm an, dass auch ich zugunsten eines Kindergeburtstags meine Vorträge abkürze, meine Behandlungen rascher abschließe.

»Mein Verfolger versucht die Vernichtung meiner bürgerlichen Existenz, in dem er meinen Ruf und – am schlimmsten – meine Ehre zu zerstören versucht. Eine altmodische Begrifflichkeit, die ›Ehre‹ – und doch trifft eben dieser Angriff auf meine Ehre am schlimmsten.

Ich leide jetzt darunter, soviel Ehre gehabt zu haben – die ich nun verteidigen muss.

Meine Vorfahren werden seit 1210 daran gemessen, wie ehrenwert sie waren. Mein Vater, den ich nie kennenlernte, lebte Ehre als Reiteroffizier, dann als Obersturmbannführer, dann als Widerstandskämpfer, als der er umkam. Ehre.

Was ich nun von den vielen kriminellen Taten, die ich laut Internet tue, wirklich tat?

Alle meine schlimmen Taten, zusammengefasst als ›Mehr Schein als Sein‹ durch nicht gültige oder falsche Zeugnisse, konnten durch meine Behörde bei der Staatsanwaltschaft glaubhaft als ›falsches Zeugnis wider mich‹ nachgewiesen werden. Ich bin nie auch nur zu einem Bußgeld verurteilt worden, wie ich es jährlich mehrfach wegen Geschwindigkeitsüberschreitung zahle.

Aber: Erinnern Sie sich an diese meine Taten, die ich begangen haben soll, im Detail,? Nein, nicht? Dafür erinnern Sie sich an die Metastasierungen, die mein Verfolger täglich im Internet aus den vielen Taten von mir wuchern lässt, die ich nie beging. Die Kerne mancher Krebsarten können nach einiger Zeit kaum mehr als Kerne entdeckt werden. Weil die entfernt auftretenden Metastasen im Gewebe und in der Tomografie größer sind als der ursprüngliche Kern.

Mein Verfolger, längst nicht mehr in einem öffentlichen Amt, das seine Präsenz verlangt, hat früher im Studium viel täglichen Fleiß investiert, um zu werden, was er dann vor der Zerrüttung seiner Arbeitsverhältnisse wurde. Noch mehr Stunden täglich sitzt er heute täglich am Keyboard des PC und schreibt, stellt seine früheren Einstellungen um, tauscht die Wörter aus, die das Gericht ihm untersagte, tauscht sie aus gegen Worte, gegen die neu geklagt werden muss. Sisyphus hatte nur einen Fels. Die deutsche Justiz kann nur gegen den Fels vorgehen, wenn er in Tausende von Kieseln zerlegt ist. Und für jeden Kiesel muss ein gesondertes Verfahren, eine neue Klage eingereicht werden.

Kennen Sie das? Auch schon aus internet-losen Zeiten? Mein Rufmörder hat eine Liste der von mir ›verlorenen Prozesse‹ im Internet eingestellt.

Heutzutage wird vor einem Gericht in solchen Zusammenhängen nie gänzlich verloren oder gesiegt. Die Urteile beziehen sich nie auf den ganzen Felsblock, immer nur auf Kieselsteinchen. Jenes Kieselsteinchen darf der Rufmörder werfen – wegen Meinungsfreiheit. Dieses darf er nicht werfen. Deshalb muss das Opfer dieses aushalten (›verlorener Prozess‹), und jenes muss er nicht aushalten (›gewonnener Prozess‹).

Er darf weiter behaupten, dass ›Filz und Verrottung‹ in meiner Amtsführung obsiegen (weil dies eine durch die Meinungsfreiheit geschützte Formulierung ist).

Hingegen ist ihm untersagt, zu behaupten, ich hätte kein Abitur.«

Lachen, Kopfschütteln vor ihm, neben ihm.

Soll ich das Thema »Abitur« ausweiten? Es ist eine Posse inmitten eines Dramas. Nein, ich lasse es, obwohl schade ...

Denn da untersagt das Gericht meinem Verfolger eine Behauptung, die aber stimmt: Ich habe kein Abitur wie die Leute hier vor mir. Dafür habe ich eine Sonderprüfung, die mich zu mehr berechtigte als ein Abitur. Jedenfalls eines Abiturs mit dem Notendurchschnitt unter 1,5. Meine Sonderprüfung an der Uni Bonn damals schloss ich mit 3,5 ab, jedoch mit einer Zulassung für alle Uni-Fächer, einschließlich aller Numerus-clausus-Fächer. Das kann ein durchschnittliches Abitur nie schaffen.

Das in Bonn – das war eine der Sonderregelungen für Menschen mit Biografien wie meiner. Und über die mein Verfolger geifert.

Manchmal, in solchen Possen-Themen, tut er mir fast leid, mein Verfolger. Das Gericht zwingt ihn zum Bewundern der neuen Kleider des Kaisers, der fast nackt ist. Ich aber bin gar nicht ganz nackt. Ich trage nur Lendenschurz, aber einen, der mir mehr ermöglichte als eine nur allgemeine Hochschulreife. Nämlich eine besondere.

Er sieht Kopfschütteln vor ihm und neben sich ...

»Ich sehe Kopfschütteln unter Ihnen und weiß nicht, ob Sie das deswegen tun, weil ich das Thema meines Nichtabiturs aufgreife. Oder ob sie mit mir den Kopf dauerschütteln darüber, dass es Menschen gibt, die einem Fünfundsechzigjährigen ernsthaft anlässlich eines Schulzeugnisses bzw. anlässlich des Fehlens desselben vor fünfundvierzig Jahren vorwerfen, dass er seine Ämter seit vierzig Jahren führt.

Wenn Letzteres zutrifft – dann schüttle ich mit. Jedoch mit meinen inneren Tränen der Erschöpfung, die ich fühle. Denn allein das Thema ›Abitur Ja oder Nein‹ hat zweieinhalb Jahre Gerichtsprozessnerven gekostet.

Ich bin misstrauisch geworden: Ich durfte Ehrungen entgegennehmen. Von Ihnen. Aber: War es wegen meiner Arbeit – oder weil Sie dringend einen Ausgleich brauchten für das geschändete Bild von mir, das auch in Ihnen rumort? Haben Sie mich geehrt, weil Sie die Schändung nicht aushielten – oder war die Ehrung wirklich eine?

In einem Büroraum bei mir zu Hause sammele ich die Materialisierungen solcher Ehren, die Sie mir gaben. Ehrenurkunden, Ehrenmedaillen, Ehrentitel, Orden mit und ohne Schärpe.

Es sieht aus in diesem Raum wie im Verkaufsraum unseres Fleischermeisters zu Hause in der Heide, der alle Ämter seiner Innung innehatte. Es sieht auch aus wie im Gemeinschaftsraum unserer dörflichen Feuerwehr, deren passives Mitglied ich seit zweiundzwanzig Jahren bin, zum Mitgliedsbeitrag noch einen jährlichen Bierkasten spendend.

Ich hielt diese wunderschöne Welt Ihrer aller Zuwendung nur knapp aus. Weil die Distanz zum Gegenteil meines Lebens, nämlich das Internet als täglicher Pranger täglich bewältigt werden musste. Hin und her, her und hin zwischen diesen beiden Welten: Ihre Ehrung, meine Schändung. Und beides soll ich sein?

Wörtlich steht das Wort da im Internet: An den Pranger! Mit mir nämlich. Ich stehe am größten Pranger der Welt, am öffentlichsten Pranger der Menschheit: dem Internet.

Vom Neid

Neid. Die meisten Menschen können sich in dieser Lebenserfahrung treffen und nahe sein. Sie hier in dieser Runde sind alle wichtige Menschen und kennen ihn alle auf eine besondere Weise, den Neid. Neid, der Ihnen entgegenschlägt. Neid, den Sie anderen gegenüber fühlen. Zum Beispiel gegenüber harmlosen Menschen, die ein ausreichend unauffälliges Leben führen dürfen oder wollen oder müssen, als dass sie um etwas beneidet werden könnten.

Neid ist wie ein Fluch, unter dem wir doppelt leiden: Als Beneidete, die wir sind. Und als Neider, die wir ebenfalls untereinander sind. Indem wir einander beneiden. Eben weil wir hier alle besonders sind. Zumindest es sein wollen. Zuallermindest, weil wir es sein müssen. Von unseren Ämtern, von unseren Rollen, von unserem geistigen oder finanziellen Reichtum her. Oder vom Reichtum unserer Schönheit her.

Mann Gottes, um was Menschen Menschen alles beneiden können!

Kennen Sie das? Dieses ungläubige Erstaunen, um was in aller Welt diese Welt Sie alles beneiden kann, wenn Sie erst einmal das Profil eines beneidenswerten Menschen haben?

Als ich die erste Doppelschiene für die Beine bekam, von der Hüfte abwärts in frisches Leder und blinkenden Stahl eingerüstet, allerdings nicht für ein Turnier zu Pferde, sondern einfach, um länger und besser gehen zu lernen und dann auch besser und länger und vor allem allein die Straße runtergehen konnte – da wurde ich beneidet.

Dieter, einer der gleichaltrigen Jungen, forderte mich auf, die Schiene auszuziehen und sie ihm einmal zu leihen. Was ich tat. Nichtsahnend, dass er sie dann anbehalten und nicht zurückgeben wollte.

Später, als die Dieters dieser Welt und ich größer wurden, kamen die Hänseleien, und ich machte die Erfahrung, dass die früher beneidete, jetzt als Krüppelhilfe verspottete Schiene eine Wunderwaffe war: Ich brauchte in meiner ganzen Kindheit meine Körperkraft nur ein einziges Mal, um mit dem stahlummantelten kranken Fuß auszuholen und zuzutreten an ein Schienbein. Mir ist entfallen, wem es gehörte, jedenfalls einem Mitglied einer lautstarken, feindlichen Gruppe. Dieses Mitglied brüllte mehrere Minuten wie am Spieß, wurde notärztlich behandelt, aber ich oder Mutter oder Großvater hörten nie mehr etwas. Keine Klage – nichts. Der Kontext war wohl zu peinlich: Behinderter wird durch andere körperlich behindert, schlägt zurück – und siegt auf ganzer Linie.

Man fürchtete sich vor der Wiederholung meines Tritts und gegenete mir in den wenigen Stunden, die ich auf der Kirchstraße oder der angrenzenden Gasse spielen durfte, mit der labilsten Sorte Respekt: Respekt aus Angst.

Ich hoffe, dass wir hier, Sie und ich, uns später und heute aus anderen Gründen respektierten.«

Keiner lacht. Jetzt leiden sie mit mir, oder sie denken an Eigenes. Vermutlich Letzteres. Eigene Niederlagen und Siege kommen immer wieder hoch bei den Niederlagen und Siegen der anderen. Weiter, weiterreden!

»Oder ein anderes Beispiel für Neid, wo es nichts zu beneiden gibt: Schulgesetzlich besaß ich ja weder ein Zeugnis höherer, nicht einmal mittlerer, auch nicht noch niedrigerer Reife. Nebenbei: Diese ›mittlere Reife‹ ist eine Beleidigung für alle, die sie bescheinigt bekommen. Sie festigt Hierarchien und deren Stufen nach oben wie nach unten.

Dafür erwarb ich nun jenes Zeugnis nach einer sogenannten Sonderbegabtenprüfung, mit der ich mich in allen Fächern einer Uni einschreiben konnte.

Ich erfuhr erst später, wie mich die gleichaltrigen Kameraden beneideten, die brav dreizehn und mehr Jahre Schule buckeln mussten, um das zu kriegen, was ich nach zwei missglückten Kurzgastspielen bekam. Und als ich mit einunddreißig Jahren gefragt wurde, ob ich eine Professur übernehmen wolle – da warf mir meine Schwiegermutter vor, dass ihre drei Söhne schließlich hart ihre mittleren und höheren Laufbahnen erkämpfen mussten, während ich sie in meinen Schoß geworfen bekam. Wie Sterntaler.

Sie vergaß wie die Leser vom ›Sterntaler‹-Mädchen beim Schluss des Märchens, wie der Anfang desselben war.«

Er blickte kurz zu Else hinüber und sah ihren Blick im Gesicht dunkler als eben noch. Er hatte ihre Mutter angegriffen. Öffentlich. Ohne Vorwarnung und – wie sonst – Vorlektüre seines Skripts. Scheiße – ich war daneben eben.

Ach, meine verehrte, liebste Schwiegermutter – ich wollte dich mit deinem Löwinnen-Einsatz, mit dem du deine Kinder gegen mein zu günstiges, zu glückliches Schicksal verteidigtest, nicht kränken. Und schon gar nicht deine Tochter, die meine Lebens-Geliebte ist.

Schließlich pflegten wir beide – du, Frau Schwiegermutter, und ich – später ein Liebesverhältnis. Ein beneidetes. Denn wie sagte mein sagenhafter Großvater: Die Männer der Töchter sind für die Mütter oft die letzte Gelegenheit für sich selbst.

An meiner Schwiegermutter konnte ich außerdem überprüfen, wie hilfreich der Tipp Großvaters war, vor einer ernsthaften Bindung an ein Mädchen sich die Fußfesseln der Mutter und diese selbst genau anzuschauen. Diese nämlich gäben Auskunft über das Aussehen des derzeit geliebten Mädchens darüber, wie es in dreißig Jahren aussehen und wirken wird.

Diesen zugegeben nur züchterischen Aspekt aus der Veterinärmedizin in der humanistischen Bildung eines Theologen wiederzufinden und auch noch zu zitieren, ist heutzutage nicht nur komisch, sondern auch gefährlich. Feministinnen könnten Frauenfreundlichkeit wittern. Wenn sie wollten. Ich bin meinem alten Großherrn trotzdem dankbar, weil er Recht hatte. Es war eine Wonne, mit der Mutter der Mutter meiner Kinder und mit dieser selbst ein flirtreiches Liebesleben breitspektraler Art führen zu können.

Ich habe die Mutter der Mutter meiner Kinder zu dienstlichen Kurzreisen eingeladen und ihr und mir das Vergnügen bereitet, welches entstand, wenn ich zwei Einzelzimmer bestellte, aber noch spätabends an der Bar und morgens beim Frühstück der Umgebung Rätsel aufgab, was für ein Paar wir wohl seien. Ich habe mit ihr in Gegenwart ihrer Kinder geflirtet, wie ich das mit jüngeren Frauen kaum wagte, wollte ich nicht in große Gefahr geraten. Sie war eine große, geistreiche, schlagfertige Dame. Spätabends an der Bar summte sie mir Operettenmelodien aus ihrer Höheren-Töchter-Jugend vor.

Anschließend zitierte sie die zugehörigen vollständigen Texte, deren kunstvoll verpackte Sexualität streckenweise auch gar nicht verpackt war.

Auf der Rückfahrt im Auto sang sie solche pikanten Sentenzen auch und freute sich, früher und gegenüber eigenen Kindern Verbotenes einem ungefährlichen, jungen Mann gegenüber auszudrücken, die Femme fatale aus der höheren Bürgertochter zu entlassen.

So zitierte sie den Passus einer der vielen Damenreden, die in ihrer Zeit als Höherer Tochter, in Magdeburg auf den Offiziersbällen eingeladen, so lange nicht fehlen durfte, wie ein ganz bestimmter kommandierender General anwesend war. Der wartete jährlich sowohl auf sein Lieblingsgericht aus der Kantine, Gänse satt, und wartete ebenso darauf, dass folgender Vers von dem jüngsten Offizier in dessen obligatorische Damenrede eingebaut wurde. Es nützte dem meist noch gut erzogenen Jüngling nichts, er musste diesen Vers im Beisein der unschuldigen Jungfrauen sagen:

»Die Gans liegt auf dem Rücken,
Der Spieß ist eingesenkt,
Da wird es sich wohl schicken,
Dass man der Damen denkt.«

Ich habe meine Schwiegermutter sehr wohl vor meiner Ehe mit ihrer Tochter genau begutachtet. Entsprechend dem Rat meines Großvaters: Sieh die vorher die Mutter eines Mädchens an, damit du weißt, ob du mit dem Mädchen auch wirklich älter werden willst.

Der Neid einer Schwiegermutter hatte sich umgekehrt in eine Beziehung von ihr zu mir als liebstem Schwiegersohn. Sie hatte nur mich.

»Sammeln wir weiter, worum wir uns beneiden können, worum man mich beneidete. Hier das perverseste Beispiel, wofür wir in dieser Welt beneidet werden können:

Es war eine Woche nach der ersten Kampagne, an deren Urquell mein Rufmörder saß und die vermeintlichen Beweise in das kleine Bächlein der Worte eines einzelnen Journalisten träufelte. Dessen Bericht wurde in halben und ganzen Zeitungsseiten nachgedruckt, und das Bächlein wurde ein Strom.

Zwar schrieben die Journalisten professionellerweise in Frageform (›Hat er, hat er nicht …?‹), aber das Wort-Bächlein baute sich auf durch das Entsetzen und die Schadenfreude der Umgebung zu einem Wort-Tsunami.

In diesem frischgeschändeten Zustand stand ich im Fahrstuhl Herrn Lützel gegenüber. Der Fahrstuhl barg uns allein, und er sah mir nicht offen in die Augen, sondern auf mein Halstuch.

›Wissen Sie‹, sagte er, ›dass es Leute gibt, die Sie um all diesen Rummel beneiden?‹

Und als ich ihn ungläubig anstarrte, ergänzte er: ›Es gibt welche, die mehrere Monatsgehälter dafür hergeben würden, um wie Sie derzeit so in den Medien zu sein.‹

Von Flucht

In den untersten Talsohlen der inneren Ausweglosigkeit sehnen wir uns nach Flucht. Auch wenn wir im äußeren Verhalten den Mut und die Tapferkeit zeigen. Der kriegserfahrene Dichter Detlev von Liliencron formuliert denn auch in manchen Gedichten die alte Botschaft: Besonderer äußerer Mut ist immer auch der Ausdruck besonderer innerer Angst.

Ersehnte Fluchtpunkte sind in Zeiten der Verfolgung die inneren Bilder von Mauselöchern, die die wenigsten von uns mangels Mäusen in ihren Stadtwohnungen haben. Unsere Seele aber gaukelt sie uns als kleine Insel der Unerreichbarkeit durch das Böse vor.

Das größte Mauseloch ist unsere Sehnsucht nach Tod.

Kennen Sie das? Dieses Träumen nachts von Ihrem Tod? Von Ihrem aktiven Suizid oder einem rezeptiven Suizid? Rezeptiver Suizid – was das ist? Passiver Suizid wäre das Gift, das ich einnehme, das Gas, das ich einatme. Mit rezeptivem Suizid meine ich Szenen, in denen das mitfühlende Schicksal Ihnen einen geisterfahrenden Truck auf der Fahrbahn entgegenschickt, in den Sie unauffällig hineinsteuern. Ein Ende, das unserem Rufmordopfer-Elend endlich ein Ende bereitet und ihren Angehörigen trotzdem die Lebensversicherungssumme vermittelt, weil unser Anteil an einem solchen Ende nicht deutlich werden kann.

Knallte der Truck in das eigene Auto nur zu dem Zeitpunkt, als wir wieder einmal das baldige Ende des Elends ersehnten? Oder ließ uns diese Sehnsucht den Wagen in den Truck donnern?

Solche Tode bleiben das Geheimnis des Toten.

Ich träumte auch die Träume, in denen wir voller Genugtuung den Beerdigungszug hinter unserer Leiche mit allen weinenden Verwandten und Freunden und neidenden Kollegen deutlich sehen und ihre gemurmelten Worte hören: ›Dieses Ende, nein, dieses Ende. Das hat er wirklich nicht verdient?‹

Dann gibt es da noch die hoffnungsvollen Phantasien, der Rufmörder könne durchknallen und Ihnen entweder selbst auflauern und ein Messer in ihren Hals stechen. À la die Attentate auf Lafontaine, auf Schäuble, also mit gesundheitlich tragbaren Folgen für das Opfer, aber mit schrecklichen für den Rufmörder, der jetzt einen Mord am Körper seines Opfers versuchte, nachdem der Ruf nicht zu zerstören war.

Die Gerechtigkeit nimmt ihren endlich schnellen Lauf dergestalt, dass die Öffentlichkeit erfährt, wes Geistes Kind derjenige ist, der sich zunächst mit Rufmord begnügt hatte.

Für die Kenner unter uns, die Attentate auf ihren Körper vergleichen können mit den Attentaten auf ihren Ruf: Rufmord ist die schlimmere Tortur, als ein Attentat zu überstehen. Die Folgen eines Attentats können vorübergehen, die Folgen eines Rufmords bleiben.

Oder aber: Der Rufmörder macht es nicht selbst, sondern dingt dunkles Gesindel. Das sticht dann zu, oder schlägt zusammen oder schießt, und es braucht erst wochenlange, dramatische Spurensuche der Polizei, die ebenfalls von der

Öffentlichkeit gespannt begleitet wird. Bis – bis dann endlich der wahre Täter im Hintergrund herauskommt. Mein Rufmörder, den dann die schnelle Gerechtigkeit ereilt. Kennen Sie das?

Als der Mörder meines Rufs seine Arbeit begann und die ersten Zeitungen die ersten Titel über mich brachten, noch vor den winzigen Informationen, die die Zeitungen dann bringen mussten, dass die staatsanwaltlichen Ermittlungen gegen mich eingestellt seien – da näherten sie sich: Der Tankwart an der Tankstelle, der den Zapfhahn in den Tank hielt und, ohne mich anzugucken, sagte: ›Das kenn ich auch, was Sie da jetzt erleben – fertiggemacht zu werden.‹ Und dann erzählte er ein bisschen.

Unsere Haushälterin, die mich weit mehr Zeit erlebt als der Tankwart und auch intimer, weil sie nicht nur meine Unterwäsche wäscht, sondern auch manche meiner Selbstgespräche hört, die Verfolgte oft lauter vor sich hinmurmeln als sie selbst wissen: ›Ach ja – was Sie jetzt erleben, erlebt mein Mann täglich in der Bank ...‹, und sie wrang den nassen Feudel mit so starker Gestik aus, dass ich darin den Hals sah, den sie würgte.

Noch schlimmer als die Beschämung meiner Person erlebte ich es, wenn meine Nächsten in Sippenhaft genommen werden. Dies geschieht durch Menschen, die den geäußerten Verdacht erstens als bewiesen nutzen und zweitens auf unsere Familienmitglieder übertragen.

Begegnungen mit solchen Menschen gebären Situationen, in denen der Mensch seine Scham körperlich fühlt. Es sind Situationen zum Beispiel in der Firma, in der Ihre Frau arbeitet, in der Schule, in der sie unterrichtet.

Da kommt Ihre Frau morgens in das Lehrerzimmer oder den Sozialraum, und die Gespräche verstummen, schneller als ein Computer abstürzt. Im besten Fall schauen Gesichter betreten, lächeln ihre Hilflosigkeit.

Häufiger sind die anderen. Sie gucken weg, die sonst auf Ihre Frau zustürzen, sie von ferne anwinken. Diese zeigen ihre Hilflosigkeit im Abstandnehmen.

Und es gibt immer die, die Ihre Frau, Ihre Kinder mit jenem Blick fixieren, in dem Zufriedenheit blinkt. ›Wie immer die da oben ...‹, steht in solchen Blicken, denn diese Blicke schauten selbst schon voller Neid auf Sie. Lange schon.

Wieder ehrlich zeigen Andere ihre Beglückung; in ihrer hellseherischen Begabung bestätigt worden zu sein. ›Mein Mann und ich – wir hatten immer schon so ein komisches Gefühl bei dem oder der.‹

Oder: ›Das war klar, das konnte ja nicht so weitergehen.‹

Und es bleibt im Dunkel des Unausgesprochenen und deshalb frei zu Phantasierenden, was da nicht so weitergehen konnte.

Eine weitere Gruppe verhält sich – wie vor dem Rufmord. Wie wenn nichts wäre.

Dies Verhalten erschien mir als das grausamste: Keinerlei Reaktion auf das Erdbeben um Sie und mich und in Ihnen. So tun als ob. Grüßen wie immer, kurzes Lächeln wie immer. Nur die Frage ›Wie geht's so?‹ wird eine Spur schneller als sonst gestellt, im schnelleren Vorübergehen, so dass keine Antwort auf die Frage möglich sein soll.

Und in der Sitzung nachher wird die Tagesordnung zum Zudecken der Pein benutzt, der Pein, dass sowas im eigenen Umfeld passieren kann. Ja, ja – die Medien.

Rufmordopfer haben immer Familie. Mindestens die, aus der sie stammen, die Herkunfts-, die liebe Primärgruppe. Meist haben wir aber auch eine eigene Gründung gewagt: Die Sekundärfamilie.

Schauen wir auf die Herkunftsfamilie:

Die eigene Familie, unterteilt in einen ersten Grad der Verwandtschaft, in einen zweiten Grad, in Angeheiratete und Geschiedene, spielt ebenfalls ihre Rolle im Spiel des Redens oder Schweigens um den Rufmord, der eines ihrer Mitglieder trifft.

Familien spielen die Fragen ebenso durch wie alle anderen: Unterstützung beim Kampf gegen diesen Rufmord oder Ausgrenzung des Opfers durch Verschweigen, durch Kontaktvermeidung.

Die meisten allernächsten Verwandten sind still, weil sie etwas von Sippenhaftung mit dem Rufgemordeten fühlen. Sie sind so still, weil sie wahrscheinlich vor dem Rufmord eines vielbeneideten Famlienmitglieds auch ihr eigenes Profil mit dem Promi in ihrer Familie schärften und ein bisschen mit Ihnen angegeben haben. Und jetzt das! Mein Gott, nein, so ein Unglück!

Wieder andere Verwandte halten ihr eigenes Unglück mit Ihnen als dem schwarzem Schaf nicht aus und machen Ihnen Vorwürfe.

Da lässt Ihnen eine Cousine die Beschwerde ausrichten, sie würde gern vorher informiert werden, wenn Sie morgen in der Zeitung mit dem Niedergang Ihres Namens stehen. ›Wir hätten gerne gehabt, wenn du uns vorher gewarnt hättest. So saßen wir morgens mit der Zeitung beim Frühstück und waren ... wirklich – wir standen unter echtem Schock!‹

Und unsere Kinder, die nun ihre Väter und Mütter am Pranger der Zeitungen, des Internets stehen sehen? Meine sprachen mich nicht von sich aus auf den kollektiven Rufmord an. Sie waren selbst Betroffene. Sie tragen den geschändeten Namen.

Wehe dem von uns, der einen herausgehobenen Namen trägt. ›Papa – warum heißen wir nicht Meyer, Schulze oder Schmidt?‹, hörte ich sie nie selbst fragen, aber ich fragte mich und befragte mein Schicksal. Wie oft hatten wir über Haufennamen geredet und die Mühsal, sich mit einem solchen zu profilieren.

Wir können unsere Kinder leider immer nur entlassen in ihr Schicksal, Kinder von uns derzeit Geschändeten zu sein.

›Kommen Sie bitte einmal nach der Vorlesung zu mir‹, sagte der Professor, bei dem meine jüngere Tochter hörte, in das Mikrofon vor der Vorlesung. Er war gütig, mitfühlend dieser Professor, aber er verhinderte nicht, dass der ganze Saal mithörte und mitdachte: Aha, deshalb ...

Ich wusste noch nichts von den Internet-Verfolgungen, als ich mich eines Abends in einem Hotel eincheckte. Freundliches Rezeptionspersonal, hilfsbereite, junge Menschen.

Am nächsten, frühen Morgen hatte dieselbe Crew noch Dienst, und ich wunderte mich über den veränderten Ton mir gegenüber: Distanz, abgewandte Gesichter, Verlegenheit.

Ich sprach die zwei an der Rezeption direkt an, ob etwas, und wenn ja, was passiert sei?

Da kam heraus, womit ich jetzt lebe: Sie seien nach meinem Einchecken ins Internet gegangen, wie immer, wenn ein irgendwie interessanterer Gast angekommen sei. Beim Googeln mit dem Namen hätten sie ›das da gelesen‹ ...

Lieber Gott, meine Phantasie ist zu klein, mir die Zahl derer vorzustellen, die den Kontakt zu mir meiden, weil sie zuerst googeln und ihr Entsetzen fühlen, dass Leute wie ich noch frei herumlaufen.

Mein Gedächtnis hingegen ist wiederum ausgezeichnet genug, um mir die Zahl der Anlässe zu merken, wo ein hochinteressanter Erstkontakt stattfindet, eine Ankündigung, man wolle sich gleich wieder wegen Terminratifizierung melden – und nichts meldet sich.

Nach vielen Erfahrungen, was passiert, wenn ich dann rückfragen lasse, was nun mit dem Vortrag oder dem TV-Interview, der Gastvorlesung oder der Mitarbeit an dem Fachbuch sei – frage ich nicht mehr nach.

Die erfahrungspsychologische Weisheit ist ebenso elend überstrapaziert wie wahr: In der Krise zeigen sich die wahren Freunde. Mir ist oft übel davon, wie sich diese Binsenweisheiten bewahrheiten und ein anspruchsvolles, denkreiches Leben einfach zu keinen klügeren Einsichten kommt.

Was mich vom Übelsein zum Kotzen bringt, was den Moment des Erbrechens umschreibt mit all seiner Galle und koliknahen Magenverkrampfung, das ist die Tatsache, dass wahre Freunde, die, die Sie wirklich lieben, ebenfalls erbrechen. So sehr identifizieren sie sich mit Ihnen, leiden sie mit Ihnen

Vielleicht werden die Ihnen nächsten Menschen selbst krank, möglicherweise vor Ihnen, dessen Körper sich gar keine Zeit zum Kranksein und damit eine Chance zur Gesundung erlaubt. Andere Freunde sind eines Tages weggeblieben. Einfach so.

Sang- und klanglos.

Verstehbar ist ein solches Verhalten, aber es produziert ein zusätzliches Einsamkeitsempfinden: Alleinwerden.

Ich lebe mit mehreren Frauen zusammen. Ich habe ihretwegen nicht weitergeträumt von den gewaltsamen Abschieden aus meinem bis eben doch noch so beneidenswerten Leben.

Mir schickte ein ahnender Bekannter, gar kein naher oder ein Freund, in jenen Tagen schlimmster Nacktheit am öffentlichen Pranger einen Zeitungsbericht aus Erlangen.

Da war einem Gynäkologen der Universität mit erfolgreicher Privatpraxis sexueller Missbrauch vorgeworfen worden. Er las über sich in der Lokalpresse. Seine Familie las über ihn, die Uni-Kollegen, seine Patientinnen, die Ärztekammer ...

Er prozessierte und wartete einige Monate auf das Urteil, während derer er in der Uni von den Vorlesungen dispensiert war wie von seiner Ausübung ärztlicher Tätigkeit.

Dann machte er wahr, wovon ich träume: Er sammelte alles mögliche Giftige aus seiner Praxis in einem Saftglas und nahm den Inhalt zu sich.

Gott tat dasselbe. Er nahm ihn zu sich.

Das war ganz genau einen Tag, bevor das Gericht ein Urteil – einen Freispruch – samt Schadenersatzsumme in nennenswerter Höhe verkündete. Die Zeitungen, die den Freispruch auf der ersten Seite brachten, konnten den Freitod nur noch hinten unter letzte Meldungen veröffentlichen.«

Überschlagen! Es wird zu lang, wenn ich noch sage, was dieser Arzt vor seinem Suizid hätte lesen sollen: Otto Kernbergs autobiografische Berichte. In denen schildert er, wie häufig er und sein Ärzte- und Therapeutenteam in den USA wegen sexueller Belästigung, wegen Vergewaltigung angeklagt wurden. Es war so häufig, dass das zuständige Gericht und dessen Richterteam bei neuen Klagen bereits Bescheid wussten. Bescheid wussten sie aufgrund einiger aufgetauchter Patiententagebücher, in denen die meist einsetzende Verliebtheit der Patienten in die Therapeuten mit manchmal dramatischen Folgen deutlich wurde: Therapeuten, die die sexuelle Distanz hielten, wurden von Patientinnen aus Rache über die vergebliche Liebeshoffnung vor Gericht getrieben. Rache, hinter der auch wieder nur Neid stand. Neid auf diejenigen, die Liebe in diesem Leben erfuhren.

Kernbergs Richter trauten deshalb den Tätern, nicht den klagenden Opfern. Selbst dann, als das Tagebuch einer Patientin nach deren Suizid auftauchte, in welchem Kernbergs Besuche in ihrer Privatwohnung geschildert wurden, sein Bedrängen ... Selbst da trauten die Richter dem vermeintlichen Täter. Kernberg wurde dann entlastet durch eine Freundin der Toten, die dieses Tagebuch als Rache der Patientin an Kernberg entstehen sah. Ein konstruiertes Tagebuch, voll mit den Wunschphantasien der Patientin, die sich nie erfüllten.

Aber was soll das hier – vor Publikum, das meinetwegen hier ist ...? Weiter! Weiterreden!

Obwohl – es war schon dramatisch, dass der Erlanger Arzt suizidierte. Genau einen Tag, bevor das Gericht seinen Freispruch verkündete ...

Weiter Mensch, weiter!

»Wie lebt es sich als Kinder, als Frau dieses Arztes in Erlangen? Sie werden damit leben, dass zu ihnen fortan gehört, Frau und

Kind eines Arztes zu sein, der sich wegen schweren sexuellen Missbrauchs verantworten musste und deren Familienname trotz Freispruch und Schadenersatz mit sexuellem Missbrauch verbunden bleibt. Für immer. Das war der, welcher doch ...

Wie geht es denen, die öffentlich rufermordet wurden, und seien sie noch so erfolgreich vor Gericht und hinterher auch im Beruf? Ein ebenfalls blöde oft genutzter und daher abgenutzter Satz hat eine unendliche Macht: ›Es bleibt was hängen.‹

Das Alter der Herkunft dieses Satzes aus dem Alten Rom zeigt nur, wie elend alt die Erfahrung ist, Opfer von Gerücht, von Verleumdung, von Rufmord zu sein.

Opfer von Worten, die ein anderer in böser Absicht redet. Deshalb dies:

Aliquid semper haeret.

Gott – ein Zentralserver

Da kämpft also einer umso mehr im Internet, je mehr die Gerichte als dritte Gewalt und die Medien als vierte Gewalt, die Vertreter der Institutionen ihm keine Chance geben. Er kämpft nur im Internet.

›Nur?‹

Was im Internet steht, steht in der größten Zeitung, die die Erde je hatte. Es steht da, dass meine Karriere auf Lug und Trug aufbaut. Da steht, dass ich mit falschen Titeln und falschen Zeugnissen Anstellungsbetrug beging. Da steht, dass mein Netzwerk aus Filz und Verrottung besteht. Da stehen knapp fünfhundert Seiten gegen mich.

Meine Abschiedsrede soll dieses: Mich und Sie schärfen für das, was das Internet neben den zweifelhaften Segnungen immer eiligerer, immer ununterbrochenerer Informiertheit auch kann: Destruktives, Böses auf ewig im Server bereithalten. Für alle.

Das Persönlichkeitsrecht wird vom Internet unterhöhlt. Die vom Grundgesetz garantierte Würde des Menschen wird von der Meinungsfreiheit im Internet attackiert. Ich stehe an diesem Pranger. Ungeschützt. Aber nicht allein.

Wir Internet-Opfer vermehren uns, wir vervielfältigen uns im Tempo der Vernetzung von Datenautobahnen und ihrer spinnenhaften Ausbreitung. Wir, die Opfer, werden im Gefolge der drei ›W‹ sekündlich bekannter gemacht.

Wir, Lehrer und Professoren, die von unzufriedenen Schülern und Studenten öffentlich gehasst, mit Affekten jeder Art attackiert werden, indem sie geschrieben, veröffentlicht werden dürfen, wir, Politiker, die von anderen Politikern der Opposition oder – noch schlimmer – aus den eigenen Reihen rufgemordet werden, wir, Anwälte oder Ärzte, die von frustrierten Mandanten oder Patienten internet-gejagt werden, sind von gekränkten Seelen ins Netz eingestellt.

Ein Zerrbild ist das Bild, das wir dann im Internet von uns sehen. Erinnern wir uns, was mit dem passiert, der in einen Zerrspiegel schaut: Die Verzerrung wird ihn eines Tages packen – und rückspiegeln.

Jeder kann rein ins Netz und darf sich sein Unglück von der Seele schreiben, indem er andere angreift, ihnen ›afterredet‹ in der öffentlichsten Zeitung der Erde. Eine Zeitung, die nie veraltet, täglich neu erscheint, täglich das Uralte aktualisiert.

Das Internet ist auch ein Forum für Krankes, Kränkendes, Verunglimpfendes, Verhöhnendes, Disqualifizierendes, Kriminalisierendes. Und das bleibt. Internet ist ewig.

Dieser ewige, weil nie mehr ganz zerstörbare Zentralserver hält und behält die Informationen, jenseits, unabhängig von Gut und Böse, von Richtig oder Falsch, Gerecht oder Ungerecht.

Wie Gott.

Vielleicht ist Gott – nachdem schon immer vermutet wurde, er sei die größte Projektionsleistung der Menschheit oder er sei einfach eine Zahl – vielleicht materialisiert sich Gott als Chip, ein Urchip? Dann wäre Gott nach all den bisherigen Bildern, die wir von ihm malten, der modernste Gott, den wir uns je ausgedacht bzw. entdeckt und instrumentalisiert haben.

Das Internet wäre dann der digitale Turnierplatz für den Kampf zwischen Gott und seinem abgefallenen Engel Luzifer, zwischen konstruktiver und destruktiver Aggressivität, die auf kleinsten Spielflächen, auf Chips, toben. Die Netzwerke des Internets umschließen die Erde wie eine Reuse, in die man als Fisch schwimmt – und aus der man nie mehr den Ausgang findet.

Keine der ersten drei Gewalten im Staat wird sich mit der vierten – den vor-internetischen Medien – ernsthaft anlegen. Noch weniger mit der neuen, fünften Gewalt, dem Internet, diesem Medium, das dem Bürger das trügerische Gefühl gibt, der Macht der bisherigen Medien der vierten Gewalt nicht mehr ausgeliefert zu sein.

Eine schwere Beleidigung des Nachbarn über den Gartenzaun ist strafbar. Dieselbe im Internet? – Finden wir mal ein Gericht, das sich dieser Tat annimmt ...

Stellen Sie sich ein zum Zerreißen gespanntes Gummiband vor: Das war ich in den letzten Jahren seit Beginn des versuchten Mordes an meinem Ruf. Am einen Ende des gespannten Gummibands die Ehrungen, die ich erhielt, am anderen Ende die zeitgleiche Entehrung durch hunderte von Internet-Seiten über mein Leben, das dort geschildert wird als aufgebaut auf mehr Schein als Sein, auf Lug und Trug, auf falsche Titel und dem Vitamin B einer großen Familie.

Egal, was da steht für oder gegen einen – es bleibt in menschlicher Ewigkeit dort stehen, weil ein Zentralserver nie löscht. Selbst wenn ein Gericht das Löschen im Netz durchsetzen würde.

Diese Versuche ständiger öffentlicher Entehrung zerren und ziehen an der Seele. Die Biografie eines Rufmordopfers wird im Internet auf ewig kriminalisiert, seine bisherige Lebenskunst und sein Lebenswerk besudelt durch Spott und Häme. Und doch hat mein Rufmörder, der mir nach Jahrzehnten meiner Arbeit jede Berechtigung zu einer Karriere im öffentlichen Raum abspricht, auch Recht.«

Unruhe, wieder Köpfeneigen, kurzes Tuscheln, zurück zur starren Körperhaltung.

»Nichts in meiner Karriere war normal.

Die tatsächlichen Startbedingungen meines Lebens, die mein Rufmörder raffiniert verschweigt, begründen alle meine unnormalen Schritte.

Denn dieser Start hat mir tatsächlich keine normale Laufbahn ermöglicht, dafür mich aber eine besondere Bahn laufen lassen, keine Schulzeit, keine anschließende normale Studienzeit erleben lassen. Ich fand auf dieser Erde Bedingungen vor, die mich nicht auf einem ersten Bildungsweg oder zweiten oder dritten, sondern nur auf einem vierten entwickeln ließen. Bedingungen, die mich dann Anfang Dreißig zu einem der jüngsten Professoren der Republik werden ließen.

Ja, und? Darf es nicht sein, einen Sonderling wie mich in einem hohen Amt zu sehen?

Es durfte. Ich durfte. Und in dem staunenden Kopfschütteln darüber, dass mein Leben eine solche Bahn nehmen konnte, treffe ich mich durchaus mit meinem Rufmörder. Ich treffe mich nicht in seiner Meinung, dass Sonderlinge vernichtet, ausgegrenzt werden müssen.

Bei den ersten Berufungen träumte ich, es sei nicht wahr, dass ich wurde, was ich wurde.

Aber dann ist es wieder wahr. Da sind die wunderbaren Folgen einer ein anderes Wissen und Bildung ausprägenden Dauerkrankheit.

Nur die Folgen eines Sturzes, das wissen Sie aus eigenen Sturzerfahrungen, sind ebenfalls wahr.

Auch wenn es Ihnen ungerecht erscheint: Ich will mich hier und jetzt auch bei Ihnen beschweren.

Wir sprechen uns auf Leistungen an. Wir sprechen uns im Alltag oder Sonntag unserer Begegnungen auf Kinder oder Enkel an, auf ferne Kriege, auf Grippe und Benzinpreise. Kaum sprechen wir uns auf unsere Leiden der Seele an, wenn wir unter öffentlichen Druck und damit unter psychischen Druck geraten.

Viele sprechen mit mir seit dem Mord meines Rufs – als wenn nichts wäre. Und mehr: Sie ehrten mich oft genug während der Zeit, in der mein Rufmörder mich schändete. Aber sie verweigerten mir die nächstliegende Frage: Wie es mir, wie es meiner Familie im Zustand der Schändung eigentlich geht?

Es erfordert Mut, jemand Bekriegten anzusprechen. Oder es fordert vorherige eigene Selbsterfahrung, Opfer zu sein. Die wenigen unter Ihnen, die mich direkt ansprachen und mich fragten, wie es mir damit geht – sie sind ausnahmslos selbst Opfer öffentlicher Schändung durch Medien gewesen.

Ob kleine Opfererfahrung oder große: Es verbindet die Opfer, es verbindet uns das Stehengelassensein im Zustand der Umstrittenheit.

Hat er, hat er nicht?

Ich habe seit dem Beginn der Ermordung meines Rufs einige freundschaftliche Beziehungen aufblühen sehen dürfen:

Alle sind Kirchtürme, die gestürzt werden sollten durch Rufmord, durch Verleumdung.

Ein gesunder Mensch lässt mit Vernichtungsversuchen nach vergeblichen Versuchen nach und nach nach. Die Energie eines Psychotikers zur Vernichtung eines Hassojektes steigert sich dagegen von Misserfolg, den er verzeichnet, zu Misserfolg. Dessen Energie zur Vernichtung des Hassobjekts steigert sich von Misserfolg zu Misserfolg. Ein Psychotiker glaubt apodiktisch an sich und die Berechtigung seines Tuns.

Unter Ihnen, meine Damen und Herren, sitzt mein früherer Supervisor, ein Kollege, der dann die Supervision aufgab, weil er sich zu sehr mit mir identifizierte. Er suchte zum Schluss selbst nach einem Hacker, um mich von der Internetverfolgung zu befreien. Er hat mir in der letzten Sitzung, in der er seine Begleitung meiner Person beendete, gesagt: ›Für Ihren eigenen Schutz, für den Schutz Ihrer eigenen Seele fällt mir nur noch eines ein: Sie müssen lernen, Ihrem Verfolger zu verzeihen. Immer wieder zu verzeihen.‹ Er sagte zu mir, der ich gerne verzeihe, weil ich auch viel verziehen bekommen habe, zu meiner Erleichterung weiter, dass ich mir sehr wohl meine Wut, meinen Zorn, meine Momente von Rache oder Verfluchung erlauben solle – aber immer durchsetzt von Verzeihung, zumindest den Versuchen dazu.

So singe ich ab und an die zweite Strophe des früher von mir gehassten, einschlägigen ›Danke‹-Kirchenschlagers.«

Meine Güte, in was für Zeiten regrediere ich hier fröhlich vor mich hin? Großvaters Nachfolger im Amt liebte ich wegen seiner vier Töchter, die ich alle nacheinander zu ehelichen gedacht, aber doch nicht wegen dieses Schlagers!

Er spielte diesen Schlager tagaus, tagein morgens um sieben Uhr im Pfarrhaus, in dem ich manchmal übernachten durfte, weil es mein früheres Zuhause gewesen war. Mein töchterreicher Pastor spielte ihn als Zwangsmusik ab zum Wecken. Da sich kein Mensch Hörbarem so verschließen kann wie etwa Sichtbarem – indem er die Augen schließt – ist Musik immer zwangssozialisierend. Oder – wie der Niedersachse Wilhelm Busch es weniger wissenschaftlich, dafür einprägsamer formulierte: »*Musik wird nicht nur schön empfunden, da sie auch meist mit Lärm verbunden*« ...
Der Schallplattenspieler stand dann im Flur, von dem alle Zimmer abgingen, und war bis zum maximalen Klirrfaktor aufgedreht. Wir, meine Angebeteten und ich, trafen uns in dem Hass auf diesen unvermeidlichen Erfolgsschlager. Heute singe ich die zweite Strophe manchmal freiwillig:

»Danke, für alle guten Freunde,
danke, o Herr, für jedermann.
Danke, wenn auch dem größten Feinde
ich verzeihen kann.

Von Scham und ihren Trostsprüchen

Rufmordopfer und ihre Umgebung werden Fachleute in Fragen der Scham. Scham hat ebenso viele Facetten wie der Mensch, der sich schämt.

Es gibt die Scham, die uns beschämt, wenn wir ein unerwartet großes Geschenk erhalten, ein unerwartet hohes Lob, eine Anerkennung, die wir nicht erwarten. Entweder nicht erwarten in der Dimension, die uns beschämt. Oder nie erwartet hätten von denen, die uns dieses Lob widmen.

Im ersten Fall schämen wir uns, weil unser Selbstbild nicht übereinstimmt mit dem Bild, das der andere von uns hat. Im zweiten Fall schämen wir uns, weil unser Fremdbild, das wir vom anderen hatten, nicht übereinstimmt mit seinem jetzigen anerkennenden Verhalten uns gegenüber.

Es gibt die Scham unseres Körpers. Schon wenn wir uns im Unterhemd träumen, das die Genitalien nicht bedeckt, schämen wir uns in dieser zweiten Form von Scham.

Erst recht schämen wir uns in dieser Scham, wenn wir uns außerhalb der Realität des Traums auch in der äußeren Realität beobachtet sehen in unserer Nacktheit oder auch nur eines Teils derselben. Nacktheit, die wir nicht vorbereitet haben zur Beobachtung durch den anderen oder andere.

Die Scham des Körpers ist umso größer, je überraschender die Entdeckung ist, ›ent-deckt‹ zu sein, der schützenden, die Scham bedeckenden Decke beraubt zu sein.

›Aufstehen, Omachen! Waschen!‹ Scham wird in einem Altenheim mit siechen Kranken oder auf einer Spezialpflegestation mit Patienten mit erworbenen Hirnverletzungen, im und außerhalb von Koma, nicht nur aus dem Hinterhalt, aus Boshaftigkeit oder sonstiger Abwehr zugefügt. Gedankenlosigkeit reicht schon.

Gedankenlosigkeit ist der eigentlich unmenschlichste Zustand des Menschen.

Scham erlebt sich als plötzlich sich aufbäumende Welle im Strom unserer Seele. So und besonders auch die dritte Form von Scham. Sie ereignet sich, wenn in der Psyche etwas als ›entdeckt‹ gefühlt wird, was bedeckt, versteckt gehören sollte. Wir fühlen diese Art der Scham als Kinder bei der Aufdeckung unserer kleinen Sünden und kleinen Lügen. Wir fühlen sie als große Kinder bei der Aufdeckung unserer größeren Sünden und größeren Lügen.

Diese Scham bei Personen des öffentlichen Lebens aufgrund der öffentlichen Beschämung, angeschuldigt zu sein, ist schon schlimm genug. Wenn hinzukommt, dass die öffentliche Anschuldigung, der Schuldvorwurf zutreffen, richtig, rechtens ist, wir also im Unrecht sind und eine Strafe droht oder gar sicher ist – dann erleben wir Scham in ihrer Affektspitze, am Ende der jeweiligen Fahnenstange, und suchen die Mauselöcher unter dem Fuß des Fahnenmastes.

Solche Scham, die einsieht, dass sie sein muss, wird allerdings oft gemildert durch den Wegfall der Angst vor Entdeckung. Die Erleichterung des Verbrechers, endlich gefasst zu sein ...

Am allerschlimmsten ist diese fünfte Gestalt von Scham: Mit einem Schuldvorwurf öffentlich gemacht zu werden, der nicht stimmt, der unwahr ist. Solche Scham teilen wir alle hier am Tisch, von dem wir Wildschwein gegessen haben. Alle hier, die wir derart beneidet werden, dass andere als die wildesten Schweine als Aggressionskanal für ihren Neid nur noch den Mord unseres Rufs sehen.

Diese Scham kriegt sofort Kinder dadurch, dass unsere Frauen und Männer, unsere Kinder und Enkelkinder, unsere Familien und Mitarbeiter in diese öffentliche Beschämung hineingezogen werden.

Diese schlimmste Form von Scham und deren Verletzungsfolge zieht sofort die Schamverletzung der uns Nächsten nach sich, potenziert sie.

Rufmord verletzt immer. Erst unsere Scham. Dann unsere Ehre. Wenn wir letztere denn haben und hochhielten.

Es reicht schon, wenn wir statt ›Ehre‹ an das Bild denken, von dem wir möchten, dass es die anderen von uns haben. Und an dem wir durch unsere Arbeit bisher feilten, raspelten, schliffen, malten, bildhauerten.

Die beiden Verletzungen, die der Scham und der Ehre, geschehen zeitgleich, vermischen sich mit anderen, früheren, vergleichsweise harmloseren Verletzungen unserer Scham und potenzieren diese.

Die Verletzung dieser Scham erscheint mir unheilbar.«

Soll ich ihnen noch wissenschaftlich kommen? Es sitzen einige Neurologen hier, sie würden sich freuen. Aber mehr noch sitzen hier andere, denen ich die Therapien nicht schlechtmachen darf. Aber es ist nun einmal so: Psychische Verletzungen können nur überlagert werden – so sagen sie nun alle, unsere Wissenschaften, die sich mit Verletzungen der Seele innerhalb des psychischen Apparats beschäftigen: Psychoanalyse, Psychotherapie, Entwicklungspsychologie, Neurowissenschaften ... Verletzungen, ernsthafte, werden immer nur überdeckt, und unter der Decke schlafen die Erinnerungen. Mehr oder weniger verdrängt, gebären sie Beschwerden und Beschwernisse, die wir dann umso schneller »posttraumatische Belastungssyndrome« nennen, je weniger sie sofort anbindbar sind. Anbindbar an Verletzungen der Scham sind sie aber alle. Schade um die Gedanken, aber ich lasse sie lieber. Schon wegen der Maximalzeit, die ich für mein Reden einzuhalten versprach.

»In den Monaten nach dem Beginn der Ermordung meines guten Rufs wurde ich so oft angesprochen auf das Thema Neid und Rufmord wie in Jahrzehnten vorher nicht.

Rufmordopfer werden aber nur angesprochen, angeschrieben von denen, die uns lieben.

Oder von denen, die den Niedergang ihres Rufs selbst erlitten haben und deren Rufmord-Leiden durch das Erleben am Anderen erneut in Gang gesetzt wird.

Was in der Psychotherapie durch Erinnern, Nachspielen, Nachstellen der früheren Auslöser für eine seelische Verletzung Re-Inszenierung genannt wird, um den Patienten das damals Erlebte unter geschützten Bedingungen nochmal und nochmal erleben und durcharbeiten lassen zu können – dies Erleben kann auch reaktiviert werden durch das Mit-Leiden des Leidens eines anderen. Aber ungeschützt, ohne auffangende Begleitung des Therapeuten.

›Watching Victims‹, Opfer durch Beobachtung, nennen wir die Zuschauer von Gewaltszenen, die ebenfalls traumatisiert werden können: Eltern, Partner, Kinder, Geschwister, Freunde, die eigenen Patienten, nahestehende Kollegen.

Watching Victims finden sich besonders im sozialen Umfeld von Rufmordopfern, wenn eine erdrückende Öffentlichkeit das soziale Umfeld mit erdrückt.

Manche von ihnen erkranken vielleicht stellvertretend für den Rufgemordeten. Magengeschwür, Kopfschmerzen, Schulterschmerzen. Watching Victims agieren oft das aus, was dem Rufgemordeten auf den Magen schlug, den Kopf und die Psyche füllte bis kurz vor der Explosion.

Und eben diese, die Explosion, wird unterdrückt bei dem Erstbetroffenen – durch die notwendige Gegenwehr gegen die Ermordung seines Rufs.

Das Bild, das sich mir in die Seele malte, ist dies: Unsere Gesellschaft besteht mehr aus heimlichen Neidern als aus Menschen, die beneidet werden.

Neider sind Menschen, von denen der Psychoanalytiker Otto Kernberg sagt, dass sie – einmal erkrankt an Neid in pathologischer Dimension – kaum behandelbar sind. Im Gegensatz zu denen, die am Hass erkrankten.

Karriere machen heißt, dünne Luft atmen, Karriere machen heißt, ein wachsender Kirchturm zu sein. Und das bedeutet immer mehr Kritik und Kratzen am Kupferdach des Kirchturms, am Lack des Images, das uns so glänzend macht.

Dann trösten wir uns. Oder werden getröstet. Mit Sprüchen.

Hunde pinkeln nun mal an Eichen.

Oder bellen den Mond an.

Oder:

Neid muss hart erarbeitet werden.

Oder:
Ohne Neid kein Erfolg.
Oder:
Neid ist die indirekte Form der Anerkennung.

Ich sammelte in vielen Ländern solche Trostpflaster, die es überall gibt, wo sich Menschen durch Neid peinigen.

Ein abgewandeltes estnisches Sprichwort heißt: Was verzehrt ein erfolgreicher Este am liebsten zum Abendessen? Einen noch erfolgreicheren Esten.

Es sind Wundpflaster, mit denen wir die innere Kränkung zu überkleben versuchen. Und schon beim nächsten Waschen wirkt das Pflaster ebenso hässlich wie die Kränkung selbst.

Mein Lieblingspflaster ist:
›I measure my success
by the size
of the rocks
thrown on me.‹
Ich messe meinen Erfolg an der Größe der Felsen, die auf mich geworfen werden.

Solch Sprichwörter-Trost erklärt aber kaum, beschreibt nur, dass es ist, wie es ist.

Das Christentum bietet einen Ansatz zur Erklärung: Menschliches Leben ohne Neid wäre kein menschliches. Erst in einer anderen Wirklichkeit erfahren wir neidloses Dasein.

Aber man muss schon dran glauben an diesen christlichen Trost, der nur Ver-Tröstung sein kann. Nötiger.

Wie sagte mein Großvater in seinem Pfarrhaus in solch bestimmten und unbestimmten Momenten, in denen ihm der versprochene Himmel seines Gottes nicht passte? ›Dann will ich lieber freiwillig in die Gegenrichtung.‹

Meist glauben wir – wenn wir denn glauben – nur in höchst regressiven Momenten an den Himmel unserer Kindheit. An die Welt, in der die Schwerter zu Pflugscharen und Spieße zu Sicheln werden, wo die stechenden Zungen in ewiges, wechselseitiges Lobpreisen sich wandeln und wir hinfort gar nie mehr lernen können, Böses zu verbreiten. Weil unsere Widersacher auf Erden nur noch die Liebe pur sein werden.

Wünschenswerte Welt?

›Sieh es mal so,‹ lautete ein Trost an mich ohne Sprichwort, ›du hast einfach Pech, dass du unter dieser Verfolgung böser Zungen als Folge des Erfolgs leidest – andere nehmen es sportlich und freuen sich an übler Nachrede als Beweis des Beneidetwerdens, also als Beweis ungewöhnlichen Erfolgs.‹

Vom Blinzeln der Justitia

Kennen Sie das? Die naive, weil sichere Annahme, dass Ihnen mit Hilfe eines Gerichts der Gegenwart Recht zugesprochen wird? Schnell? Ganz? Umfassend? Rufmord mit gerichtlichen Schritten ungeschehen machen zu wollen, bevor die Todesnachricht von Ihrem bisherigen guten Ruf weitere Runden über den Erdball zieht?
 Selbst wenn wir Erfolg vor Gericht haben sollten: Die Gerüchte, die ein öffentlicher Rufmord gebiert (so wie Frösche laichen, eine amorphe Suppe nämlich), sie kommen immer wieder hoch und gebären neue Gerüchte wie die nachwachsenden Köpfe beim zuvor abgeschlagenen Drachenkopf.«

Ha – am liebsten würde ich mit denen jetzt spielen. Wie im Seminar Sozialpsychologie, um Gerüchtebildung zu demonstrieren. Das Kinderspiel von der »Stillen Post« – hier im Saal. Soll ich einladen dazu, als Zugabe, zu einem »Spätabend der Selbsterfahrung mit Gerüchten«? Nach all dem Offiziellen hier? Das spannende Spiel ist nicht das Spiel gleichen Namens vom Kindergeburtstag, sondern eine Variante:
 Ein Teil der Gruppe sind Akteure. Bis auf einen müssen sie vor die Tür. Die anderen bleiben als Beobachter im Raum.
 Dem Akteur, der im Raum verblieb, wird nun eine kurze, dramatische Geschichte erzählt, gespickt mit etlichen Details (etwa wie die Brosamen bei der missglückten Rettung von

Hänsel und Gretel oder der Schere, die der Chirurg im Bauch des Frischoperierten liegenließ usw.).
Jetzt wird von draußen ein Mensch hereingeholt, und der, dem die Geschichte erzählt wurde, erzählt sie dem Neugekommenen weiter.
Der Erzähler wechselt zu den Beobachtern. Der, dem die Geschichte weitererzählt wurde, erzählt sie dem nächsten von draußen Hereingeholten usw. usf.
Was für einen Spaß die Beobachter an der Geschichte nun haben, die sich von Erzählen zu Erzählen dramatisch verändert – bis zur Unkenntlichkeit. Was für ein Drama, wenn das Spiel ein »Spiel mir das Lied vom Tod des guten Rufs« wird.
Im Grunde rede ich nur über ein unverdauliches Thema. Statt es spielen zu lassen und die Erfahrung hinzuzugesellen.

»Ich machte einen schweren Fehler: Ich wehrte mich gerichtlich gegen meinen Rufmörder, vertreten durch einen höchstmotivierten Anwalt, der selbst Opfer von Rufmord gewesen war: ›Ich bin zwar nur ein Feld-, Wald- und Wiesenanwalt und kein Fachanwalt für Persönlichkeitsrecht, aber in Ihrer Sache freue ich mich, Ihnen eine happige Schadenersatzsumme in Bälde erstreiten zu können.‹

So warf er sich voller Zuversicht auf sicheren Erfolg in die Schlacht und wollte nicht einmal Honorar sehen.

›Die Schadenersatzsumme wird immens‹, sagte mein Anwalt siegreich. Und sagte damit das Gegenteil von einem anderen Anwalt.

Der sagte mir:

›Im Rechtsleben gehen die Dinge nicht so einfach ... Ich zweifle nicht an Ihnen. Aber es geht darum, den Beweis der

Verletzung Ihrer Persönlichkeitsrechte, den zweifellos vollzogenen Mordversuch an Ihrem guten Ruf, Leuten gegenüber juristisch zu beweisen, die ein Interesse daran haben, Ihnen das Gegenteil zu beweisen. Die Richtigkeit Ihrer Angaben wird daher von der anderen Seite grundsätzlich angezweifelt werden, sogar angezweifelt werden müssen, weil es im Fall der Gegenseite und im Fall unseres Siegs vor Gericht um den Niedergang ihres eigenen Rufs gehen würde. Dieses Anzweifeln Ihrer noch so richtigen Gründe für eine Klage wird zur Folge haben, dass zehn bis zwölf Vorfragen zu erörtern sein werden. Die beiden Parteien werden durch verschiedene Gerichte bis zum Obersten Gericht gehen und ebensoviele kostspielige Prozesse zur Folge haben, die sich, selbst wenn ich mich als Anwalt noch so sehr ins Zeug lege, in die Länge ziehen werden. Ihre Gegner werden eine Untersuchung, Überprüfungen, Beweise verlangen, die wir nicht verweigern können ... Aber selbst wenn wir den günstigsten Fall voraussetzen und annehmen, dass das Gericht unsere Klage anerkennt, liegt bei Verletzungen der Persönlichkeitsrechte und bei Prozessen wegen entsprechender Schadenersatzansprüche das eigentliche Recht außerhalb des Gesetzbuchs. Nämlich im Richter selbst, wie er sich persönlich dazu stellt, wie sehr er sich mit Ihnen identifizieren und Ihre Klage ernstnehmen kann – oder nicht ...

Außerdem, mein Lieber‹, sagte der andere Anwalt, ›lassen Sie bei mir eine Tatsache außer acht. Ich bin nicht reich. Meine Praxis ist noch nicht ganz bezahlt. Selbst wenn das Gericht Ihnen eine Entschädigung zugesteht, dauert dies unberechenbar lange. Und bis dahin‹, sagte der andere Anwalt, ›müssen wir klagen gegen die Gegenklage, müssen wir Urteilskosten der unteren Gerichte bestreiten, Amtsdiener in Gang·setzen und selbst leben. Die Kosten für die Vorinstanzen werden sich, grob geschätzt, auf zwölf- bis fünfzehntausend belaufen. Ich habe sie nicht, denn mich drücken schon die ungeheuren Zinsen fast zu Boden, die ich an die Bank zu zahlen habe, die mir die Kaufsumme für meine Praxis vorgestreckt hat.‹

Zum Schluss fragte mich dieser Anwalt direkt: ›Und Sie – woher wollen Sie das Geld nehmen?‹

Haben Sie, meine verehrten Zuhörerinnen und Zuhörer, den Stilwechsel bemerkt, als ich die Anwälte in Erinnerung rief? Es sind aber keine Erinnerungen. Es sind Zitate. Der erste Anwalt, derjenige mit eigener Rufmorderfahrung, ist mein und unser Familienanwalt. Ihn habe ich nicht zitiert.

Den zweiten Anwalt habe ich zitiert, nahezu wortwörtlich. Er sprach zu mir und jetzt zu Ihnen durch ein Buch: Es ist der Advokat Derville, den Honoré de Balzac in seiner Erzählung ›Oberst Chabert‹ beschreibt.

Ich habe genau zweiundvierzig Zeilen aus der Reclam-Ausgabe zitiert und dabei weniger als zehn Zeilen geringfügig verändert, einzelne Wörter getauscht, wie ›Gläubiger‹ durch ›Bank‹.

Der Oberst Chabert war nach einer Schlacht für Napoleon totgesagt worden, und der Prozess sollte angestrengt werden, um sein Vermögen von der inzwischen wiederverheirateten Gemahlin des Oberst Chabert zu erstreiten. Weiter sollte der Prozess seine Identität wieder reaktivieren. Schließlich lebte er offiziell als Leiche.

Nicht einmal die Summe habe ich geändert, die damals in Franken, heute in Euro berechnet wurde. Fünfzehntausend Euro wollte tatsächlich ein von mir kurz kontaktierter Star-

Anwalt als Vorschuss haben, den ich zusätzlich zu meinem treuen und kostenlosen Johannes erwog.

Er war mindestens so prominent, jener Anwalt, wie seine Mandanten. Für diese, für Prinzessinnen und Prinzen und Stars aus dem Show-Business und reiche Geschäftsleute, zog er vor Gericht und trat vor die Medien, wenn sich die Mandanten durch Paparazzi und deren Bilder oder durch Redakteure und deren Wörter in ihrem Persönlichkeitsrecht verletzt sahen.

Ich habe Freunde am Bodensee, keine von Paparazzi verfolgte Prinzen oder Showmaster, aber Inhaber von diesen fünfzehntausend Euro. Die klagten mit jenem Anwalt gegen ihre Rufmörder – mit Erfolg. In den Zeitungen stand gar nichts Näheres, nur, dass eben dieser Promi-Anwalt für seine Mandanten und gegen deren Rufmörder klagen wird. Das reichte.

Ein weiteres Problem heutiger Justiz besteht darin, sich nur um einzelne Kieselsteinchen kümmern zu können. Nicht um den Fels, von dem sie absplitterten.

Auf der Website meiner beiden Rufmörder findet sich eine Liste, in der sie meine Niederlagen vor Gericht aufzählen. Was ja bedeutet, dass sie Recht hätten und ich Unrecht.

Was Sie nicht wissen, ist, dass ich meinem Anwalt untersagte, eine neue Klage zu starten, weil jene Liste meiner Rufmörder Folgendes unterließ: Die Prozente zu nennen, die das Gericht mir Recht zusprach. Gerichte sprechen nicht mehr Recht mit hundert Prozent, sondern raten zum Vergleich. Wenn der nicht zustande kommt, urteilen sie in Prozenten. Der kriegt zu sechzig, jener zu vierzig Prozent Recht.

So kriegt jeder ›sein Recht‹.

Beziehungsweise Unrecht.

Menschen wie du und ich, sogenannte Personen des öffentlichen Lebens, bekommen niemals ganze hundert Prozent, weil es das Recht auf Meinungsfreiheit gibt, aufgrund dessen man uns beschimpfen darf als Lügner, als Betrüger.

Nebenbei habe ich manche Klagen ganz gewonnen. Aber das steht nicht im Internet, weil ich altruistisch erzogen wurde. Nach dem Motto: Die andere Backe hinhalten.

Alexander Puschkin schreibt an seinen Freund Delwig, was ich so gern geschrieben hätte:

›Den Liebling der Götter können schlimme Stürme nicht schrecken, / ihre hohe und heilige Vorsehung ist über ihm, / ihn singen die jungen Kamönen in Schlaf / und wachen mit dem Finger auf den Lippen über seiner Ruhe. / O lieber Freund, auch mir haben die Göttinnen des Gesangs / schon in die kindliche Brust / den Funken der Inspiration gelegt / und mir den geheimen Weg gewiesen: / Schon als Kind vermochte ich / den wonnevollen Klang der Leier zu fühlen / und die Leier wurde mein Los. / Doch wo seid ihr, ihr rauschhaften Augenblicke, / du unsagbares Brennen des Herzens, / du, begeisterte Arbeit, und ihr, Tränen der Inspiration! / Wie Rauch hat sich meine leichte Gabe verflüchtig. / Wie früh zog ich den blutdürstigen Blick des Neides auf mich / und den unsichtbaren Dolch boshafter Verleumdung! / Nein, nein, nicht Glück, nicht Ruhm, / nicht stolzer Durst nach Lob / werden mich fortreißen! / In glücklicher Untätigkeit / werde ich die teuren Musen, meine Quälgeister, vergessen; / Vielleicht aber werde ich in schweigsamer Begeisterung seufzen, / wenn ich den Klang deiner Saiten vernehme.‹

Ich werde Ihnen erst am Schluss meiner Rede mitteilen, wohin ich mich nach meinem Abschied heute fortreißen lasse.

Willentlich. An welchem Ort ich in glücklicher Untätigkeit Quälgeister vergessen und neue Klänge alter Leiern zu vernehmen hoffe. Während der Mörder meines Rufs Selbstmord begehen muss.

Ich habe die Jahre seit dem zweiten Urknall meines persönlichen Lebens – der erste war meine Zeugung in einer Sakristei – gesundheitlich nur knapp ausgehalten, gerade eben überstanden. Und nur mit Schäden, gegen die Humpelei, Asthma oder Lähmungen kaum wiegen.

Seelische Lähmungen zeigen sich als ›Tod, mitten wir im Leben sind‹, wie die Kirchendichtung formuliert.

Das Drama des begabten Kindes (wie dem Kind in Alexander Puschkin) ist keineswegs nur das einer narzisstischen Gefährdung. Es ist immer auch das Drama, um seine Begabung beneidet zu werden.

Vom Opium Religion

Da ich in diesen Kulturkreis und in diese meine Familien hineingezeugt wurde, ist mein Opium christlicher Glaube. Ein Glaube, den ich liebe, weil ich ihn mitsamt meinen familiären Erziehern kritisieren, hinterfragen, anzweifeln durfte.

Ich beschäftigte mich erst recht mit diesem Glauben, als ich aus der Kirche meiner Väter und Mütter austrat, um später wieder einzutreten.

Eine peinliche Selbsterfahrung: Um den krankhaften Neid und die Mordversuche an meinem Ruf auszuhalten, bin ich auf dem besten Weg zu einer ecclesiogenen Neurose. Um in der Verfolgung so etwas wie kleine Zeiten des Friedens, ach was, kleine Momente der Ruhe zu finden.

Ecclesiogene Neurose: Die Beschreibung für das Eintauchen in religiöse Wahnvorstellungen, deren Anfänge ständig sich mehrende religiöse Rituale sind. Gebete, Stoßgebete, Meditation, mantrahaftes Murmeln von Teilen oder auch nur Fragmenten liturgischer Abläufe, Summen von Choralfetzen, halblautes Ansingen von deren Texten.«

Er senkte seine Stimme ab, glitt hinein in Murmeln, aus dem einzelne Passagen sich erhoben wie Wolkenfetzen, die auftauchen, vorbeifliegen. Wie in der Klinik, wenn er einen Patienten in Hypnose begleitete.

»Vater unser ... dona nobis pacem ... sicut dimittimus debitoribus nostris ... und führe uns nicht in Versuchung ... ora pro nobis nunc ... dies irae dies illa solvet saeclum in favilla ... tuba mirum spargens sonum ...«

Er ließ seine Stimme übergangslos wieder erstarken und sah, wie einzelne sich erschraken, die eben mit der Stimme weggesunken waren. Erste Trancestufe, aus der sie jäh gerissen wurden. Moro-Reflexe ...

»Ich betete in den schlimmsten Zeiten des Gemordetwerdens mit und ohne Bewusstheit. Überall fiel mir Beten ein, wenn mir einfiel, in was für einer Zeit ich eigentlich lebe. Eine Zeit, in der ich mit dem lieben Augustin singen konnte ...«

Er sang:

»... ›Ach du lieber Augustin, alles ist hin.‹
Nur dass ich die Verzweiflung des ›Ach du lieber Augustin‹, jenes Wiener Liedes, das die Verzweiflung eines in ein Massengrab von Pestopfern gestolperten Überlebenden ausdrückt, auf den mir vertrauteren, gängigeren Code transferierte.
Ich betete die ganzen Texte von A bis Z, wenn Zeit war. Ich betete sinnlose Fragmente der Texte, wenn ich eilte, oft genug hetzte: Beim Durchstarten der Maschine, in der ich sitze. Auf dem Weg zum Katheder auf der Bühne eines Kongresses. Bei Tagesordnungspunkt vierzehn der Senatssitzung. Auf dem Klo. Vor dem Öffnen eines vermutlich aufregenden Briefs ...
In Momenten des Übergangs. In Momenten des Innehaltens. Sinnvolles und Sinnloses, in enger zeitlicher Symbiose

hörbar gemacht durch meine Körperorgane, die mich sprechen, summen, singen, murmeln lassen und mir dieses alles auch hörbar halten.

Alle Texte stiegen in mir wieder hoch, die ich durch Bachsche Messen in lateinischer Sprache während der elf Jahre in der Stadtkantorei singspielend gelernt hatte und von denen ich nicht wusste, wie vollständig abrufbar sie jetzt waren. Jetzt, wo ich sie ohne Kantorei und ohne Chorraum der Stadtkirche als Material nahm, an dem ich mich festklammerte.

Nicht aus Gründen der Kunstausübung, auch nicht der Religionsausübung.

Aus Gründen der Unruhe, der Getriebenheit, des crescendierenden Zorns. Aus Verzweiflung.

Ich trage inzwischen nicht nur ein kleines, silbernes Kreuz am Hals. Ein Kreuz wie mein toter Vater – wie viele andere religiös gebundene Offiziere auch – es trugen. Sie holten solche Kreuze hinter dem Uniformkragen hervor und zeigten sie, wenn sie in den leergefegten russischen Dörfern die verängstigte Dorfgemeinschaft versteckt auf einem Scheunenboden entdeckt hatten und Entwarnung mit diesem Metall zu geben versuchten. Entwarnung, was die befürchtete Hinrichtung durch sie, die Deutschen, betraf.

Ich habe zusätzlich zum Halskreuz eines in Reserve in der Hosentasche, und je nachdem, wo ich bin und sich die Verfolgungsangst in mir unvermeidlich einschleicht wie die verpestete Luft eines Dixi-Klohäuschens, die man atmen muss, um nicht zu ersticken, da greife ich entweder an die Brust und fühle durch das Hemd das Metall. Oder fingere in der Hosentasche nach dem Holzkreuz, so wie ich in der Pubertät nach dem eigenen Geschlechtsglied in der Hosentasche fingerte – beide Male, um mich bei dem, was ich fühlte, eines verbleibenden Rests meiner Identität vergewissern zu können.

Meine Frau Else brachte es mir aus Israel mit, aus der Nähe des Olivenbaums, aus dem das Kreuz geschnitzt gewesen sein soll. – Diese meine nüchterne, nie frömmelnde, gegenüber Kirche konstruktiv-kritische Frau greift inzwischen zu solchen Symbolen der Glaubens an höhere Kräfte als die, die der Mensch hat. Natürlich weiß sie wie ich darum, dass solche ›originalen‹ Holzkreuze Devotionalienschwindel sind. Würde man die an einem einzigen Tag an Touristen verkaufte Menge dieser kleinen Holzkreuze zu einem Haufen sammeln – es wäre nicht ein heiliger Baum. Es wäre ein Wald voll Bäumen. Aber mundus vult decipi. Die Welt will betrogen sein.

Ich auch.

Jedenfalls mit diesen Reliquien als palliativer Hilfe für meine betrogene Seele.

Die ecclesiogene Neurose kann in ausgeprägter Form zur Zwangsneurose führen: Keine zehn Minuten irgendetwas tun zu können, ohne Stoßgebete oder Griffe in die Tasche oder an den Hals zu Ersatzsymbolen. Ersatzsymbole für eine schwindende eigene Sicherheit.

Ecclesiogene Neurose führt zu einem Waschzwang der Seele.

In meiner Kindheit war ich von Diakonissen umgeben in den Kliniken, in denen ich lebte. Dort fand ich sie, die ecclesiogenen Neurosen-Träger: Auf den Knien rutschend und den Kachelboden des Korridors zum OP mit einem Feudel bearbeitend, dass die Fetzen flogen.

Fieberhaft wurde zum Lobe Gottes geputzt.

Sprach man diese Schwester an, jenen Küster, diese Raumhilfe im kirchlichen Dienst, jene Pfarramtssekretärin – dann fauchten sie zurück mit dem vom Christus am Kreuz abgekupferten Leidensausdruck: Du siehst doch, wie hart ich arbeite und wie ich daran leide –!

Ohne Lust am eigenen Leben entwickeln wir uns zu Verstärkern des Leidens derer, denen wir helfen wollen. Sie wissen schon: Helfersyndrom ...

Ich rede außer mit dem, was ich für Martin Luthers und meinen Gott halte, täglich zu antiken Göttern, zu katholischen Heiligen, zu den Namen, die mir aus dem nordischen Germanenkult bekannt wurden.

Ich hasche nach allem, was anbetungswürdig scheint in der Hoffnung, die Quantität meiner Gebete und Stoßgebete um ein Ende der Verfolgung meines Namens im Internet nütze etwas.

In einer barocken katholischen Wallfahrtskirche Bayerns habe ich mich anstecken lassen von den Danksagungsgaben für erhörte Gebete. Da hingen sie, die Gaben in Silberform, die ausgelegten Bücher, in die ergriffene Gäubige ihre Versprechungen geschrieben hatten, die sie einlösen würden, wenn alles gut würde.

Die Dankopfer und Gegengaben für göttliche Problemlösung waren hohe Geldsummen, die Stiftung ganzer Kapellen, Seitenaltäre von Kirchenschiffen, Schwüre, sich mit dem oder jenem wieder zu versöhnen ...

Doch es ist ein wackliges Geschäft, mit dem lieben Gott ein Geschäft machen zu wollen. In den Zeiten meines besonderen Flehens nach Beendigung der Verfolgung im Internet häuften sich die Anwürfe und Schmähungen meiner Verfolger durch Varianten, durch Übertrumpfungen bisheriger Anwürfe.

Je weniger Bedingung nach Wunscherfüllung im Gebet mitschwingt – desto eher schenkt das Gebet eine Zeit, in der sich der Rufgemordete nicht verfolgt fühlen muss. Es ist eine erbetene Zeit. Eine, in der der Beter eine unbestimmte Solidarität in seinem Elend fühlt, die durch die eigene Stimme, die da halblaut oder laut betet, repräsentiert ist.

Indem wir singen oder beten, unsere Stimme – selbst die lautlose Stimme – instrumentalisieren, kommunizieren wir immer auch mit uns selbst. Und vielleicht ein bisschen auch mit jenem Gott, der den Kosmos schuf und damit eine relativierende Instanz zu menschlichem Neid und Verfolgung von Menschen durch Menschen.

Außerdem konstruieren wir mit der Hörbarmachung unserer Stimme immer auch eine weitere Person, die anwesend ist. Und die den Eindruck verstärkt, wir seien nicht allein.

Jeder, der nachts in einer einsamen Tiefgarage sein Auto sucht, kennt es: Dieses eigene halblaute Summen oder Singen, durch das wir uns einen Sozialpartner, eine Hilfe durch Imagination konstruieren, die äußerlich gar nicht da ist.

Nur in uns.

Gott versteckt sich vermutlich meistens in solchen Konstruktionen. Aber schließlich gehören auch diese zum Erfindungsreichtum der Gesamtschöpfung.

Ich bete auch täglich zu einer Ikone, die mir die Russin Tatjana Resnitzkaja, russisch-orthodox gebunden, aber ansonsten weltzugewandt, schenkte. Diese holzgemalten Gottesmütter aus der Ikonen-Schule Smolensk haben jeweils spezielle Aufgaben für die, denen sie gewidmet werden. Sie werden wie die katholischen Heiligen sozusagen projektbezogen eingesetzt.

Meine Gottesmutter hat sich anzustrengen mit der täglichen Erhaltung einer unüberwindlichen Mauer in mir ›gegen destruktive Aggressionen‹. So lautete der Auftrag Tatjanas an die zehn mal vier Zentimeter große Platte, millionenfach ausliegend in Kirchen und Klöstern, Wert dreißig Rubel, eine Gottesmutter à la McDonald's oder Woolworth. Aber was sie bewirkt, ist die Aktivierung eines tiefen, individuellen Bedürfnisses. Meine ist nicht auf Holz gemalt, sondern mit grellfarbenem Siebdruck auf Pappe gedruckt. Aber so wie Barbecue-Sauce kaum noch essbares Fleisch im Augenblick des Essens verfeinert, so verfeinert der Glaube die kitschigste Ikone. Er verfeinert die Schenkende. Und manchmal auch den Beschenkten.

Tatjana Resnitzkaja ist eine Frau, die als Kollegin und Übersetzerin meiner Bücher ins Russische meine letzten Jahre aus der emotional-geografischen Distanz Russlands begleitet und staunt, was an Verfolgung mitten in Westeuropa heutzutage möglich ist.

Verfolgung? Verfolgung im freien Westeuropa, mit einer durch die Panzertüren der Rechtsstaatlichkeit abgesicherten Würdigung der Persönlichkeitsrechte des Einzelnen?

Sie lernte: Dass die Autokratie Putins mit ihren totalitären Einsprengseln jede Verfolgung öffentlicher Personen duch Rufmord verfolgen würde – aber die Totalität der Meinungsfreiheit des Westens auch eine Form von Verfolgung sein kann.

Der Papp-Gottesmutter danke ich, dass ihre Mauer die destruktiven Aggressionen in mir zurückhält gegen die, die mich vernichten wollen. Denn um meine Vernichtung ging es in den letzten Jahren.

Dieser pappenen Gottesmutter danke ich weiter, dass ich nicht in Hass und Rache absumpfen musste. Bisher.

Denn Hass und Rache würden auch die gesunden Anteile im Hassenden kaputtmachen, auflösen, mutieren in ständig metastasierende emotionale Karzinome, die fast so unheilbar sind wie das Karzinom Neid, aus dem Hass erwächst.

Wir würden im Nu wie unsere Täter.

Ich danke der Gottesmutter, dass mich die bisherigen Angriffe von außen zwar abbremsten im täglichen Netzwerk-Aufbau, aber nicht ausbremsten. Die Angriffe nur täglich störten, aber nicht zerstörten. Mich Kränkung erfasste und ergriff, aber keine Krankheit.

Aber mehr danke ich, dass mich nicht eigener Hass gegenüber meinem Rufmörder und eigene Rache gegen ihn ständig beherrschen. Nur punktuell brechen die Affekte in mir durch und werden diszipliniert durch die Flucht zur der pappenen Gottesmutter als Nachfolgerin, als Übertragungsfigur zur Gestalt der schützenden Mutter in der Kindheit.

Wenn ich Mohammedaner wäre, läse ich dreimal täglich den Koran, betete zu Allah und befände mich in treuerer Beter-Genossenschaft als in meiner Kirche. Der Islam bietet die mobilste Religion, was den äußeren Gebetsraum betrifft: den Teppich.

Wenn ich Buddhist wäre, würde ich die Friedensschriften des Dalai Lamas ähnlich auswendig können wie die Texte der lateinischen Messe. So lese ich alles nur, behalte daraus Fetzen, die ich als Mantren nutze beim Autofahren, im Fahrstuhl, während des langweiligen Referats eines Kollegen auf einem Kongress.

Doch Kongresse sind für das Beten geeignete Orte, weil dort das Rad immer wieder neu erfunden und der Erfinder bestaunt wird und von daher lange Weilen zum Beten möglich sind.

In alles Beten, im Bett, vor der Vorlesung, vor einem Interview, im Wartezimmer vor dem Röntgen, mischt sich die Enttäuschung der Nichterfüllung des Wunschbetens, mischt sich der Zweifel, die Bezweiflung Gottes.

An Gott zweifelnde Beter sind in bester Gesellschaft, in besserer als der einfältig Fromme:

›Warum währt doch mein Leiden so lange und sind meine Wunden so schlimm, dass sie niemand heilen kann? Du, Gott, bist mir geworden ein trügerischer Born, der nicht mehr quellen will.‹

Von Rache

Ich betete mich inzwischen mehrfach durch den Psalter. Rachepsalmen. Sie sind mein Trost gegen das manchmal Unmenschliche des Neuen Testaments mit Forderungen wie dem ›Liebet eure Feinde‹ und dem Appell, die zweite Backe hinzuhalten.

Wobei mich immer auch erheiterte, dass die Luther-Übersetzung nicht von Wange sprach, sondern eben nur von Backe, also der Hälfte des Pos. Und den würde ich – seelisch – gerne in Richtung meines Rufmörders recken.

Und siehe: Mit solchen Rachegelüsten der Psalmbeter im Alten Testament fühle ich mich verstanden – und das reicht, um eigene Rachegelüste zu stillen..

Was tat und tut das gut, Rachepsalmen laut zu lesen, manchmal zu rufen, zu schreien. Es ist ranggleich, manchmal noch besser als das Anschauen eines brutalen Westerns, in dem der genüssliche Kinnhaken wie die tödlichen Schüsse so sicher den Bösen und das Böse im Menschen eliminieren wie das Amen ein Gebet beschließt.

Ich verstehe inzwischen die psychohygienische Wirkung des Klagens der Klageweiber und das Schreien der Juden im Gottesdienst. Wir sollten viel mehr in unseren Nöten laut werden. Wie wir es zuletzt als Kinder sein durften beim aufgeschlagenen Knie oder einem Brennesselbrand oder bei einer Kränkung.

Es gibt Schrei-Therapien, in denen der Therapeut mit dem Patienten lange verdrängte Traumata herausschreit. Ich bin sicher, dass das zeitnahe Schreien und Herausrufen einer Verletzung manche kostenträchtigen Therapien, die sich der Vergangenheit widmen, überflüssig machen.

Wir sollten schreien, rufen, klagen lernen wie die Kinder: Sofort. Und sei es nur im stillen Kämmerlein, das zum Saal lauter Klage wird und hilft. Als die Nachricht in jenem Sommer per Telefon nach Irland kam, was ein einzelner Journalist in verschiedenen deutschen Zeitungen über mich titelte, saß ich zunächst eine halbe Stunde wie gelähmt und klammerte mich in meinem Blick auf den Atlantik am Horizont fest.

Danach erinnerte ich mich des lauten Klagens als Hilfe und begann, den Raum dieses Hauses an der Küste mit meiner Stimme zu füllen – bis er zu explodieren schien, so voll antwortete er mir durch das Mitschwingen der Küchengeräte.

›Herr, hadere mit meinen Haderern,
streite wider meine Bestreiter.
Ergreife Schild und Waffen
und mache dich auf, mir zu helfen.
Zücke den Spieß und schütze mich wider meine Verfolger!
Sprich zu meiner Seele: Ich bin deine Hilfe!
Es müssen sich schämen und gehöhnt werden,
die nach meiner Seele stehen;
es müssen zurückkehren und in Schanden werden,
die mir übelwollen.

Ihr Weg müsse finster und schlüpfrig werden,
und der Engel des Herrn verfolge sie.

Denn sie haben mir ohne Ursache ihr Netz gestellt,
mich zu verderben, und haben ohne Ursache
meiner Seelen Gruben gerichtet.

Es treten frevle Zeugen auf;
die zeihen mich, des ich nicht schuldig bin.
Sie tun mir Arges um Gutes,
mir Herzeleid zu bringen.

Sie sperren ihr Maul weit auf wider mich
und sprechen: Da – da! Das sehen wir gerne.

Herr, mein Gott, richte mich nach deiner Gerechtigkeit,
dass sie sich über mich nicht freuen.
Lass sie nicht sagen: Da – da! Das wollten wir.
Lass sie nicht sagen: Wir haben ihn verschlungen.
Sie müssen sich schämen und zu Schanden werden alle,
die sich meines Übels freuen;
sie müssen mit Schande und Scham gekleidet werden,
die sich wider mich rühmen.
Rühmen und freuen müssen sich,
die mir gönnen, dass ich recht behalte ...‹
(Ps. 35)

Ich habe mich durch solche Texte durchgebetet und das genommen, was meinen Hass ausdrückte und dadurch wegnahm. De-Zentrierung nennt das unsere Wissenschaft vom Menschen, wenn es um dessen Therapie geht: Was eben noch in mir an Schmach und Schande, an Wut und Zorn zentriert ist – wird durch den Ausdruck durch das gesprochene oder gerufene Wort, durch improvisierte Musik, durch freien Bewegungstanz von innen nach außen verlagert und mit anderen teilbar. De-zentriert.

Die Patientin, die ihr Mamma-Karzinom auf einem Bogen Papier malt, de-zentriert, ›ver-äußert‹ das Verletzende und gestaltet ihre Symptomatik aktiv um.

Ich habe in den Rachepsalmen nie etwas weggelassen, was unter ethischen Aspekten zu brutal gewesen wäre. Im Gegenteil. Ich habe hinzugedichtet. Noch Schlimmeres, und gar nicht mehr an meinen Rufmörder gedacht, sondern nur die Lust der Hemmungslosigkeit genossen, die Stimmlaute destruktiver Aggressivität hören zu können, ohne etwas oder jemanden zu destruieren. Straflos.

Ich habe nie gespürt, dass mich der liebe Gott dafür gestraft hätte. Es ging mir jedes Mal besser nach den brutalen, bösartigen, destruktiven Affektdurchbrüchen, ausgelöst durch die Rachetexte der Psalmen in meinem Kopf als Schlachtfeld gegen alles Böse dieser Welt.

Ich habe dagegen alles weggelassen, was zu sehr an die andere Backe erinnerte, die das Neue Testament hinzuhalten empfiehlt.

Ich habe diese gnadenlosen Psalmen ebenso gefressen wie nachts Westernfilme. Sie konnten mir gar nicht brutal genug sein, diese Ballereien in gut wie schlecht gemachten Filmen, die unsere Sender in Tausenderpaketen von den USA aufgekauft haben.

Ich identifizierte mich mit Lust mit den blödesten Helden, Hauptsache, sie trafen ihr Opfer. Ich genoss die Krümmungen schmerzausdrückender Körper am Boden und trauerte, dass diese ehrliche Art der Ehrenduelle vorbei sei. Trauerte, angewiesen zu sein auf eine Rechtsprechung, die sich um die Strafrelevanz einzelner Wörter kümmert. Nicht mehr um Ehre.

Welch gute Zeit damals: Entweder gewonnen zu haben, eindeutig und hundertprozentig und als stärker geltend als mein Gegenüber, mein Rufmörder, der vor mir auf dem Boden liegt.

Oder umgekehrt: Ich liege tot am Boden, durch den Tod im Duell ewig getrennt und befreit von Verfolgungen durch das PC-Keyboard meines Ehrschänders, geborgen bei wem auch immer.

Ich bin jetzt ewig, verewigt durch die Würmer und andere cortexlose Viecher, die mich durchkriechen und wieder Erde werden lassen, in den molekularen Kreislauf rückführen.

Bloß kein ewiges Leben in einem Kinderhimmel als Lohn der Angst. Kein ewiges Leben durch Re-Inkarnation, die hochwahrscheinlich zum ewigen Neid nach dem Tode führt.

Denn die Chancen auf wirklich heiles ewiges Leben in Raum-und Zeitlosigkeit sind klein.

Das Gebet des heiligen Thomas von Aquin ›Vor dem Studium‹, das ich oft vor Auftritten mit unerprobten Vortragsthemen oder vor schwierigen Texten oder vor noch schwierigeren Verhandlungen las, beginnt so:

›Du unbeschreiblich großer Schöpfer, du hast in der Fülle deiner Weisheit drei Stufen von Engeln geschaffen und ihnen in wundervoller Ordnung im höchsten Himmel ihren Platz gegeben ...‹

O Gott, da geht's also weiter?

Wenn es so sein sollte oder auch nur so ähnlich – mit den drei verschiedenen Stufen und der vorgegebenen Ordnung?

Dann ...«

Er sang die folgende Motettensentenz:

»... gute Nacht, o Wesen, gute Nacht, o Wesen, gute Nahahahahacht ...«

Paris, ach ja. Das Konzert im Salle Pleyel. Die Konzertreise mit der Kantorei, reines Motettenprogramm. Männerstimmenführung »Gute Nacht, o Wesen ...«, und der Blick von Friedrich neben ihm, den der Dirigent Harro kurz vor der Aufführung auswechselte und statt seiner ihn zum Ecksänger rechts außen machte. »Du gehst jetzt nach außen ...«. Es war damit klar, wen der Dirigent für den sichersten Sänger hielt, der ohne Stützen links und rechts auskam. Da hatte ihn Friedrich während der Strecke des »Gute Nacht, o Wesen ...« angeschaut, und er hatte begriffen, was Neid war und sein würde.

»Bei schon drei Hierarchiestufen der Engel dürfte Neid für die Ewigkeit im Himmel vorprogrammiert sein.

Ich bete das ›Gebet vor dem Studium‹ des heiligen Thomas von Aquin nach wie vor. Aber immer erst nach dem zitierten Eingangsteil, der zum Neid einlädt, den der Untererzengel Gabriel gegenüber seinem Chef, dem Erzengel Gabriel dem Großen fühlen dürfte. Und dieser wiederum wird Momente verschwiegenen Neides seinem Chef gegenüber haben, Deum Patrem Omnipotentem.

Von Mord

Alle Tötungsmöglichkeiten habe ich im Lauf der ersten Verfolgungsjahre durchgespielt – im Nachttraum, im Tagtraum. Das Dingen eines Mörders war die primitivste Form von Rache in meiner Phantasie, zu der mich die Psalmen des Alten Testaments anstifteten. Zum Beispiel der 69. Psalm:

›Errette mich aus dem Kot, dass ich nicht versinke,
dass ich errettet werde von meinen Hassern
und aus dem tiefen Wasser.
Du weißt meine Schmach, Schande und Scham.
Meine Widersacher sind alle vor Dir.

Die Schmach bricht mir mein Herz und kränkt mich.
Ich warte, obs jemand jammere – aber da ist niemand ...
Gieße Deine Ungnade auf sie,
und dein grimmiger Zorn ergreife sie.
Ihre Wohnung müsse wüst werden,
und sei niemand, der in ihren Hütten wohne.

Lass sie in eine Sünde über die andere fallen,
dass sie nicht kommen zu deiner Gerechtigkeit ...‹

Es gab interessante Hilfsangebote. Als ich im Fond des Dienstwagens eines Politikers saß, der selbst unter Rufmord litt und sich nach meiner Geschichte erkundigte, hörte der Fahrer zwangsläufig mit. Eine halbe Stunde dauerten die Fahrt und meine Erzählung.

Als ich ausstieg, hielt mich der Fahrer am Ärmel fest. ›Geben Sie mir die Adressen von diesen Leuten und ich weiß, was ich für Sie tue.‹

Da er zwar mich festhielt, aber seinen Chef ansah, konnte er uns beide meinen, und wir lachten zwar, erklärten ihm aber, dass unsere Rufmörder mit Samthandschuhen behandelt werden und unbehelligt leben müssten – sonst fiele der Verdacht sofort auf uns, die Opfer. Unvorstellbar, wenn einem Rufmörder etwas passierte – sein bisheriges Opfer hätte es noch schwerer.

Umgekehrt geht das auch: Wenn einem Rufmordopfer etwas Unerklärliches an Unglück widerfahren würde – die Polizei würde als erstes fragen ›Hat Ihr Mann Feinde?‹ Und der Rufmörder wäre dran. Sofort.

Deshalb bete ich auch täglich um die körperliche Bewahrung meines Rufmörders.

Eines Tages kam eine mitfühlende Kollegin, die sich mit der Rolle des Okkultismus in der Freudschen Psychoanalyse beschäftigt, und sagte: ›Soll ich dir helfen? Ich bin kein Hacker und kann bestimmte Internet-Seiten nicht zerschießen, aber wir könnten es mit Vodoo-Zauber versuchen.‹

Auch das regte mich an. Warum nicht eines der Bücher meines Rufmörders als Basismaterial für ein Vodoo-Ritual hernehmen? Darunter jenes, in dem er mein Leben ebenso verachtungs- wie hingebungsvoll als einzigen Betrug und Irrtum darstellt.

Die letzten Bücher meines Rufmörders sind in Kleinstauflagen im Selbstverlag erschienen, weil sie die größeren Verlage ablehnten. Dennoch erreichten sie durch ihren skandalträchtigen Inhalt ihre Leser.

Ein Gericht hatte meinen Rufmörder gezwungen, die beleidigendsten Stellen einzuschwärzen.

Als ob der Schaden durch solche anschwärzenden Bücher noch durch weiteres Schwärzen gutzumachen wäre! Verbotene Bücher gehen besser als beworbene.

Ich habe wegen meiner Erziehung leider davon Abschied nehmen müssen, Bücher zu verbrennen. Von Heinrich Heine war ich unfähig gemacht worden.

Wo erst Bücher verbrannt werden – da verbrennt man eines Tages auch Menschen ... Deshalb mein Verzicht auf pyromanische Gegenwehr gegen das Böse.

Nur die Psalmen ließen mich rächen.

Öfter saß ich jetzt nachts am Schreibtisch oder stand am mondbeschienenen Teich vor meinem Studierhaus und betete Rachepsalmen.

Manchmal tat ich das in jüdischer Lautstärke, rief also diese Rachegelüste in das nächtliche Zimmer. Oder rief bis schrie die Rachepsalmen auch am Tage, wenn die Traktoren auf den Feldern im Tutti mit Rasenmähern der Nachbarn und mit den Motorsägen des Holzbildhauers nebenan lärmten. Ich rief nach Rache in dunklen Hotelzimmern auf Reisen und wieder zurück in meinem Schlafzimmer, das ich inzwischen ohne meine angetraute Geliebte beschlief, damit ich laut sein und Rache mit den Worten anderer üben konnte, Worte, die ich selbst nie gefunden hätte.

Langsam kannte ich Lieblings-Rachepsalmen auswendig und brüllte sie auf den Ausritten auf Sir Henry, dem Familienwallach, in die Forst.

Alles zur Kompensation dieses im Kern unmenschlichen, menschenunmöglichen ›Liebet Eure Feinde‹.

Dies zu sagen und zu leben war dann wohl doch nur einem Jesus Christus möglich, einem besonderen Menschen, weil er die Treppenstufen des Erfolgs durch seine Wunder und Worte auf- und dann durch Rufmord absteigen musste. Bis zu seiner Vernichtung absteigen wollte und sollte. Bis zum Ermordetwerden am Kreuz.

Neben den Mord- und Tötungsphantasien, die mich nur anfangs und vereinzelt beschäftigten, nicht beherrschten, hielten die gegenteiligen Träume an, tags wie nachts. Träume, in denen ich ihn rettete.

Da gab es ein brennendes Auto im Straßengraben, und ich rettete die schwerverletzte Person darin – eigene Verletzungen davontragend. Erst im Beisein von Notarzt und Feuerwehr schlug der Gerettete die Augen auf, und ich sah in seine, er in meine, und es waren *seine,* meines Rufmörders angsterfüllte Augen! Dann natürlich voll fassungsloser Dankbarkeit, als ich nicht tat, was er erwartete: Ihn liegenzulassen und mit Genuss stehenzubleiben und seinen langsamen Verbrennungstod zu genießen.

Oder es gab auf einem Segeltörn Windstärke acht auf der See, und ich entdeckte eine Yacht, die ruderlos und ohne Motorkraft hin und her geschlagen wurde von den vier Meter hohen Wellen. Auch da rettete ich, und auch da sahen wir, mein Rufmörder und ich, uns erst spät in die Augen und erkannten uns. Ich wurde ein zweites Mal in seinem Leben sein Held. Ja, für den Rest seines Lebens würde ich es in diesem Traum nun bleiben. Ein Restleben, in dem er mich um Verzeihung bat. In Briefen oder mittels Geldgeschenkangeboten, die höher waren als alle Anwaltshonorare und eingeforderten Schadenersatzsummen.

Es gab eine dritte Phantasie um Tod und Töten: Nach den Phantasien, in denen ich den Mörder meines Rufs tötete, und jenen, in denen ich ihn von seinem Tod auf See, zu Lande und in der Luft rettete und zu lebenslanger, grauenvollster Dankbarkeit verpflichtete, gab es immer wieder als Phantasie meine Selbsttötung.

Gift, an das ich leicht komme, meine irgendwo herumliegende Reservepackung mit Rasierklingen, Gas, Plastiktüte übern Kopf – Hauptsache, diese Momente kommen nie mehr, wo sich jemand nähert mit der fürsorglichen Information: ›Du, schau mal wieder ins Internet bei unserem Psychotiker – es eskaliert neu gegen dich ...‹

Nicht, dass ich irgendetwas inhaltlich Neues an Vorwürfen, an abstrusesten Unterstellungen fürchtete – immerhin stand letzte Woche darin, dass ich für finsterste Pornografie Werbung machte – nein, das nicht.

Meine Adrenalintröpfchen, die ich körperintern bei solcher Lektüre ausschüttete, bezogen sich auf die Kraftanstrengung, ein zivilisierter Mensch bleiben zu müssen. Denn der erste Impuls ist ja zunächst, loszustürmen und den anderen umzubringen.

Der zweite Impuls ist die erste Stufe der Verschiebung des Affekts: Ich erinnere mich an meinen Rundblick auf die Gegenstände im Raum, um einen oder mehrere, möglichst große, möglichst wertvolle, zu zerschlagen. In tausend Stücke – die Stücke, in denen man eigentlich den Vernichter sehen will.

Was ich einmal zerstörte, ganz allein für mich, nachts, war der Monitor, auf dem im Internet eine neue Schlagzeile auftauchte, als ich meinen Namen in Google eingab. Der Monitor kostete nur hundertzehn Euro. Die Zeit für unsere Haushälterin, die die tausend Stücke Monitor, alias mein Vernichter, am nächsten Morgen auf den Büchern, hinter den Büchern, unter den Bücherschränken aufsammelte, kostete noch mal die Hälfte davon.

Suizid – Herr, wenn du bald kein Ende machst durch einen möglichst schnellen Tod von dritter Hand oder Unfall, dann mache ich den Unfall. Rezeptiver Suizid.

Kürzlich wollte ich nach einer Pause in mein Kolloquium für Doktoranden zurückkehren, ein kurzer Weg vom Büro zum Hörsaal, als ich den neuen Ausdruck aus dem Internet neben einem der PCs im Sekretariat liegen sah. Und die Schlagzeile: ›Alles nur wegen des Geldes ...‹, und dahinter mein Name.

Da war er wieder, so ein Moment, in dem ich auf dem Fuß kehrtmachen wollte, hinunter zur Außenalster und dort einfach hineingehen. Hinein, immer tiefer, mit allen Klamotten. Bis es dunkel würde, erst um mich, dann in mir. Herr, ich habe das Ende gemacht, wo du es nicht machst.

Aber – das große Aber: Ein Selbsttod wäre meine Verantwortung, meine Schuld, und der Spruch ›Schuld hat der Gemordete‹ würde in einer weiteren Variante wahr, weil juristisch nur bestätigt würde: Das Rufmordopfer trägt an seinem Suizid die Verantwortung. Keiner sonst.

Den Gefallen wollte ich meinem Rufmörder denn doch nicht tun. Letztlich nicht tun.

Phantasien um Tod und Selbsttod wurden mir wichtig für Leben und Weiterleben gerade in Zeiten des Todeswunsches. Denn eine der Künste des Lebens in Notzeiten basiert auf der uralten Übung, sich den Tod als absolute Grenze dieses Lebens vorzustellen – und das Leben im Hinblick auf diese Grenze neu zu strukturieren.

Das meint wohl die Empfehlung des ›Memento mori‹ auf den Grabsteinen.

Wilhelm Schmid empfiehlt die Paarung des Lebenswissens mit dem Sterbenswissen, sieht das Bewusstsein des Todes als Regel für das Spiel des Lebens, das nur zwei Einschnitte in die Lebenszeit des Menschen kennt: Seine Geburt und seinen Tod.

Die – individuell dosierte – Beschäftigung mit Todesphantasien vermittelt neue Lust am Leben.

Jedenfalls mir. Bisher.

Der Fürbitte, nicht einer Liebe, für meinen Rufmörder, verdanke ich tatsächlich eine fühlbare Veränderung der Beziehung zu ihm. Eine Distanz entsteht durch die Fürbitte für den Verfolger, eine Distanz, welche die krampfhafte Abwendung oder Verdrängung nicht ermöglicht.

Ich registriere von Morgengebet zu Morgengebet, von Abendgebet zu Abendgebet eine wachsende Routine im inneren Zusammenleben mit meinem Rufmörder. Mal mittels evangelischer Adressierung, mal mittels der russisch-orthodoxen Gottesmutter, mal mittels katholischem Brevier.

Dies Zusammensein mit meinem Rufmörder im Gebet war nicht mehr zu vergleichen mit der früheren Angst, nicht zu vergleichen mit Hassattacken, auf die Schuldgefühle folgen.

Der psychoanalytisch denkende Mensch wirft sich bei so starken Racheimpulsen vor, zu involviert zu sein. Er kritisiert sich, zu wenig Analyse betrieben und deshalb zu wenig Distanz aufgebaut zu haben.

Der Christ wirft sich den Affekt der Rache aus den seit zweitausend Jahren bekannten Gründen vor: Sündig zu sein durch das Wort, das rufmordende Wort, das den Ruf des Rufmörders ruinieren würde und wodurch man am Rufmörder handelte wie der Rufmörder bisher an seinem Opfer.

Auch schon durch das Phantasieren solcher Tat, durch Wort und Schrift gegen den Rufmörder vorzugehen, fiel darunter: sich abzusondern von der christlichen Ethik, also sündig zu werden.

Es wäre übrigens kein Rufmord, wenn ich Fakten gegen ihn auftischen würde im Internet, zum Beispiel eine Liste mit dem, was von ihm bekannt ist. Die ›zerrütteten Arbeitsverhältnisse‹, deretwegen sich sein früherer Dienstherr öffentlich von ihm trennte. Oder die Bezeichnung ›Geisteskranker‹, als der er in einem früheren Prozess gegen einen anderen Kollegen in der Presse vom Gutachter eingeschätzt wurde. Oder überhaupt der Fakt, dass sein Vernichtungskampf gegen mich zwar der lautstärkste und nachhaltigste ist, den er bisher führte. Aber es ist einer von vielen Kämpfen, die er vor Gericht gegen viele Kollegen seit Jahrzehnten initiiert.

Passion

Unabhängig von dem Glauben an die Auferstehung Jesu, unabhängig von Jungfrauengeburt, seinem Höllenabstieg und seiner Himmelfahrt – diese Passagen bete ich nur aus der Tradition, den Projektionen meiner Vorfahren folgend, mit – bin ich endgültig ein Fan der Gestalt Christi geworden. Durch Johann Sebastian Bachs Matthäus-Passion.

Ich habe sie wohl elf Male gesungen, durch alle Stimmen hindurch, bis ich vom Sopran zum Bass gereift war. Ich habe – auch in den Zeiten meiner Kirchenferne – keine Passionszeit verstreichen lassen, ohne in eine Aufführung zu gehen.

Im Ausland oder in einsamen Oster-Ferienwohnungen Dänemarks rüstete ich mich mit Kassetten, später CDs und der Taschenpartitur aus und hörte, las, verschlang speziell diese Passion Bachs nach dem Evangelium des Matthäus.

Wie im Lehrbuch beschreibt die Passionsgeschichte Jesu die Sozialpsychologie des Neides, ein Lehrkapitel in Gruppendynamik.

Da ist dieser wohlwollende Mensch, geradezu ein Vorbild an Willen, es den Mitmenschen gegenüber wohl zu wollen: Jesus. Die weltlich Stärkeren verfolgen ihn. Erst heimlich, dann offener von hinten, dann von vorne. Der Gang der Dinge dieser Welt, wenn es um Macht geht.

Alle Starken, die zu Unrecht verfolgt werden, sind Nachfolger Jesu. Ich auch, Sie auch.

Neben der Identifikation mit Jesus bietet die Matthäus-Passion die Identifikationen mit neidenden Menschen (die Pharisäer, die Schriftgelehrten, alles Wissenschaftler, Oberschichtler) und mit Judas.

Judas, der den anderen Jüngern vielleicht nur die Liebe des Gruppenleiters neidete, alle Liebe seines Herrn nur auf sich ziehen wollte, der Verrat beging aufgrund einer narzisstischen Persönlichkeitsstörung.

Der Vernichtungswunsch entspringt einer unerfüllbaren Liebessehnsucht.«

Mann, hat das lange gedauert, bis jemand mir durch die Frage den Vorhang gehoben hat.
»Sag mal – liebte dich dein heutiger Rufmörder früher? Bist du von der Idealisierung, der du nicht genügtest, in die zugehörige ewige Abwertung gerutscht? Schließlich hast du einen seiner Feinde in deine Nähe geholt und ihn, deinen dich damals idealisierenden Rufmörder von heute verraten.«
Richtig, so war's. Da war eines seiner früheren Opfer, das ich in ein Amt holte.
Aber ich habe nicht gefühlt, dass die Liebe von ihm zu mir umschlug in Hass und Neid. Nichts. Blinder Fleck, total blinder Fleck. Und das mir, bei ausgerechnet meinem Forschungsschwerpunkt.
Weiterreden. Weiter mit – richtig, weiter mit Jesus.

»Wir Beneideten sind Nachfolger Jesu – und als solche erleben wir die Geschichte von Gethsemane im Kleinstformat: Krankhafte Idealisierung, die in Abwertung, Entwertung enden muss.

In den frühen Artikeln meines Rufmörders wurde ich in den Himmel gehoben, idealisiert, war für ihn der Beste, und einige unter Ihnen, die Sie hier sitzen, neideten mir vielleicht diese öffentliche Bewunderung, die den Abgrund vorbereitete, in den ich stürzen sollte.

Plötzlich, wie ein Mord durch eine Kugel, begann er, der Mord meines Rufs, aber er zieht sich hin. Ein Schrecken ohne Ende. Das Ende Christi war ein Ende mit Schrecken.

Das Hören der Matthäus-Passion erlaubte mir – schon Jahre vor dem Rufmord – nicht nur das Heulen seelischer Rotz- und Wasserfälle aus Zorn über die Schlechtigkeit der Welt in mir selbst und um mich herum, sondern erlaubte mir das Heulen und Zähneklappen physisch. Aller zurückgehaltener Zorn über die angetane Beschämung, über das am Pranger-Stehen-Müssen inmitten einer bürgerlichen Führungsschicht kann sich beim Hören Bahn brechen in dem Tutti des Chors im jagenden und gejagten Vivace-Tempo:

›Sind Blitze,
sind Donner,
in Wolken verschwunden?
Eröffne den feurigen Abgrund o Hölle,
zertrümmre, verderbe, verschlinge, zerschelle
mit plötzlicher Wut
den falschen Verräter,
das mördrische Blut.‹

Beim Hineingehen in solche Musik, die auch zeigt, dass Bach diese destruktiven Affekte kannte, reaktivierten sich die Affektspitzen, die mich überfluten, wenn ich einen neuen Text im Internet lese, meine Augen die Abschriften von völlig verdrehten Gerichtsurteilen entlanghasten.

Bachs musikalisches Toben erlaubt: geschützt Rachegelüste im Bildungsraum des Bildungsbürgers überhaupt fühlen zu dürfen. Bachs Musik erlaubte mir das geschützte Ausagieren meiner destruktiven Affekte, so dass ich keine Knarre nahm und mich hinter den Busch vor dem Haus meines Verfolgers auf Anschlag legte.«

Soll ich sagen, warum mir dies Bild vom Schuss aus dem Hinterhalt kam? Es hat Tradition, eine ungute. Das Bild von mir als Mörder taucht auf, wenn ich mir diese destruktiven Affekte zu fühlen erlaube.

Das Bild war einmal Wirklichkeit in meiner Nähe. Der Sohn eines Freundes meiner Mutter tat eben dies, sich mit Knarre hinter einen Busch zu legen. Er erschoss so nach einem vermeintlich ungerechten Abitursurteil seinen Lateinlehrer, um dann in der Psychiatrie zu verschwinden. Im Gutachten wurde auf seinen weltberühmten Onkel hingewiesen und auf dessen psychische Dispositionen ähnlicher Art: Hans Fallada, alias Rudolf Ditzen, Volksromanautor des letzten Jahrhunderts. Er musste von Kollegen seines hochrangigen Juristenvaters ebenfalls rausgepaukt werden aus einem strafbaren Duell. Um dann nach vielen Umwegen mit seinen Erfolgen doch »psychiatrisch zu enden«, wie mir Tante Karbe, Hans Falladas Tante rätselvoll erklärte, was damals meine Neugier auf Psychiatrie nur noch steigerte.

Nein, ich lasse es. Was reaktiviere ich hier alte Geschichten. Weiter, rede weiter ...

»Bach spielt mit seiner Matthäus-Passion auch ein Rollenspiel, das heilsam ist: Nach dem destruktiven Toben gegen jemanden folgt der Wechsel in die Erinnerung, dass das, wogegen man soeben tobte, auch in einem selbst steckt. So im doppelchörig angelegten Choral: ›O Mensch, bewein dein Sünde groß ...‹ Graduell sind wir immer so wie die, die wir ›mit Recht‹ anklagen der Lüge, des Neides, der Wahrheitsverdrehung, wie sie in jedem Rufmord stecken, sonst wäre es keiner.

Die Tobsucht über die eigene Verfolgung wandelt sich in der Musik Bachs (noch mehr als im appellativen Text) in die Trauer darüber, wie man selbst sich abzusondern fähig war. ›Sünde‹ ist (auch etymologisch) nichts anderes als das ›Ab-Sondern‹ vom eigentlich anzustrebenden Guten.

Die Musik der Passion bietet einen musikalischen Rahmen für verbale, textliche Ratschläge, die man im Aushalten der Verzweiflung über das Geschändetsein niemals von einem Ratgeber (Therapeuten, Seelsorger) annehmen würde:

›Geduld, Geduld,

wenn mich falsche Zungen stechen,

leid ich wider meine Schuld

Schimpf und Spott,

so mag der liebe Gott

meines Herzens Unschuld rächen.‹

Aber dem musikalisierten Text nehme ich den Rat ab. So wie ich auch musikalisierten Liebesschwüren eher glaube als nur Worten. So wie Musik meine Geliebte ist, so ist mir Bachs Kantatenwerk, sind mir seine Oratorien und Passionsmusik ein Ratgeber.

Musik, die Emotion und Affekt nur in ihrem Zeitablauf entwickeln kann, parallelisiert sich mit unserer Psychodynamik, die sich ebenfalls nur im Zeitablauf ereignet, nie an einen Zeitfixpunkt gebunden ist.

Ich war – ganz im Gegensatz zu Jesus – bei der Idealisierung meiner Person durch meinen späteren Rufmörder blind. Blinder als Justitia, die dabei noch zu denken versucht. Ich habe die Idealisierung nicht erkannt, auch nicht die damit verbundene direkte, zu erwartende Bedrohung meiner Person und meiner Familie.«

Ich bin schon selbst schuld an der Misere, beziehungsweise meine Erziehung. Aber seine Erzieher sollte ein Mensch ab Dreißig nicht mehr zur Verantwortung bei Misslingendem ziehen. Denn der Erwachsene kann sich schließlich umziehen.

Der Grund liegt in einer Erziehung zum »wohlwollenden Menschen«, einem, der grundsätzlich nicht auf die Idee kommt, dass man ihm unwohl, böse kommt, weil er Vorsicht und gesundes Misstrauen zu wenig lernte.

Ich bin wie die Stute und der Wallach, die wir großzogen und liebten und verwöhnten, keiner Gefahr aussetzten. Als sie auf eine Gastweide mit anderen Pferden kamen, wurden sie beide zerschlagen. Die Stute an einem hinteren Schultergelenk, der Wallach an einem vorderen. Das sofort nötige Einschläfern der Tiere hatte als Grund, dass wir sie weder Futterneid noch Konkurrenz noch nötige Vorsicht und gesundes Misstrauen erfahren und lernen gelassen hatten.

Zurück zu Jesus. Warum ich dauernd bei dem Thema in Exkurse verfalle? Halte dich mal ein bisschen am Skript fest und lies! Lies vor!

»Bedenken wir nochmal das Näherliegende, als es die Person Jesu ist: Uns einfachen Menschen, der ein ›wohlwollender Mensch‹ sein will.

In der Weihnachtsgeschichte bei Lukas 2. heißt es: ›Ehre sei Gott in der Höhe und Friede auf Erden und den Menschen seines Wohlgefallens‹.

Bach setzte diesen Text in einen strahlenden Schlusschor am Ende der ersten Kantate des Weihnachtsoratoriums und bezog sich dabei natürlich auf die Übersetzung Luthers.

Es gibt aber Philo- und Theologen, die die Richtigkeit dieser Übersetzung bestreiten. Rückübersetzt in das Lateinische heißt dieses ›Ehre sei Gott‹ an seinem Ende: Pax hominibus bonae voluntatis.

Was heißt: Friede den Menschen, die guten Willens sind. Oder: Friede auf Erden in den Menschen (des) Wohlgefallens. Luther hat eine für mich missverständliche Übersetzung geboten: Friede den Menschen seines Wohlgefallens. Eben diese Art von Wohlgefallen hält den Menschen von der Willkür eines Gottes in feudaler Weise abhängig. Wer ist es, der ihm nun gefällt. Wer ist es, der in Ungnade steht?

Richtiger, offener, lebenspraktischer übersetzt, heißt es: Friede den Menschen, die guten Willens sind. Was den Menschen unabhängig von einer bestimmten Religion sein lässt – und trotzdem ethisch gebunden.

Neben der Matthäus-Passion ist Bachs Weihnachtsoratorium trotz der Textniveau-Unterschiede eine zeitüberdauernde hilfreiche Erhellung für den Einzelnen im Dunkel auch des psychodynamischen Fahrwassers eines Rufgemordeten.

Denn eben dies sollte die ›Ars oratoria‹, die oratorische Kunst: Erhellen.

Sie alle haben mit mir über die Jahre korrespondiert, Briefe ausgetauscht. Das Diktatzeichen meiner Briefe führt – wie bei Ihnen – zunächst das Kürzel des eigenen Namens, dann der schreibenden Mitarbeiterin. Bei mir lasen Sie immer noch drei Buchstaben: ›css‹.

Ich habe sie eines hilflosen Tages als Kürzel in allen meinen Briefen einsetzen lassen für ›cum sancto spiritu‹, ›mit dem heiligen Geist‹.

Denn dem traue ich.

Der heilige Geist ist für mich die fühlbarste helfende Kraft unter uns Menschen, die ohne Erhellung absaufen würden in der Kloake des Neides.

Ich schrieb Ihnen das ›css‹ in der Hoffnung, dass auch meine alltägliche Dienstkorrespondenz in profanen Zusammenhängen auf die andere Seite, Sie, einwirken möge.

Und ich schrieb es im Sinn der Autokommunikation mit mir, damit ich einen kleinen, vertrauten Anker in meinen Dienstbriefen lesen konnte.

›Unser Wissen und Verstand ist mit Finsternis verhüllet, wo nicht deines Geistes Hand uns mit hellem Licht erfüllet.‹

Karl Jaspers, Theologe und Philosoph, benutzt in seiner Krankheitslehre das Bild der Taschenlampe, mit der sich der Mensch auf der dunkelschwarzen Bühne seines Lebens zurechtzufinden versucht. Die Architekten der Gotik durchbrachen die dicken Mauern der Romanik und ließen Licht ins Dunkel der Räume. Es war die Zeit des Anbruchs neuer Wissenschaften, die sich später mit der Entwicklung der Naturwissenschaften nicht nur auf Jesus als Taschenlampe verlassen wollten, sondern auch auf eigene Lichtquellen.

Spieglein, Spieglein an der Wand

Da waren sie: Die Adrenalinausschüttungen, die wir zuerst im sich verengenden Thoraxraum fühlen. Dann im Knie, das erst weich wird, dann etwas zittert. Dann folgt der plötzlich fühlbare Schlag der Halsschlagader.

Adrenalinstöße entstehen nicht nur in den sich dramatisch schnell verdichtenden Gefahrensituationen des Flugpiloten, des Lokomotivführers, des Autofahrers, Adrenalin wird ausgestoßen bei der Aufdeckung von irgendetwas, was die Schamgrenze überschreitet. So steuert Adrenalin uns, wenn uns urplötzlich ein öffentlicher Spiegel entgegengehalten wird. Eine Zeitungsseite mit Schlagzeile, die uns erschlägt. Das Auftauchen des eigenen Gesichts in der Nachrichtensendung, von der wir nicht wussten, dass wir selbst eine Nachricht geworden sind, dies nicht einmal ahnen.

Solch ein Spiegel ist für den, der unerwartet hineinzuschauen gezwungen wird, ein Zerrspiegel. Einer, der geschützt ist durch die Meinungsfreiheit, durch die Pressefreiheit. Mit Fragezeichen dahinter darf alles behauptet werden.

Hat er betrogen – oder nicht? Hat er sexuellen Missbrauch betrieben – oder nicht? Ist er Mitglied der Scientology-Church – oder nicht?

Wir verdanken heute den Medien und vor allem dem Internet unsere Informiertheit über das Böse in der Welt in einer noch nie dagewesenen Dimension.

Die Meinungsfreiheit in Presse und anderen Medien hat hinsichtlich Machtüberfülle die Nachfolge eines Diktators angetreten. Und einzelne Medien verhalten sich so.

Jeder Versuch, eine Rufmord gebärende Meinungsfreiheit zu kritisieren, wird sofort verfolgt, verfemt, verurteilt, bestraft durch – noch mehr Öffentlichkeit.

Ebenso handeln Despoten, Tyrannen, Diktatoren.

Ab und an verurteilt der Presserat oder gar ein Gericht ein Medium, eine Zeitung, eine Fernsehsendung.

Dann sieht sich derjenige, der sich gegen eine Falschdarstellung gewehrt hat, öffentlich gerechtfertigt. Weil die Zeitung zum Beispiel veröffentlichen muss, dass sie diese oder jene Information fälschlicherweise gegeben hat.

Sowas erscheint als Vierzeiler. In einem Bruchteil des Aufmachers derjenigen Titelzeile des Mediums, in dem die Verfälschung, die Fragezeichen-Behauptung anfangs erschien und einen Menschen mehr dem öffentlichen Zerrbild aussetzt, in das er jetzt guckt.

Zum Hohn der Gerichtsurteile, die eine Zeitung oder eine Sendung dazu zwingen, eine Fehlinformation mitsamt Ehrverletzung eines Menschen zuzugeben, endet eine solche ›Richtigstellung‹ meist mit dem Kurzsatz:

›Die Redaktion bleibt bei ihrer Auffassung‹ ...

Das zu tun, bei einer Meinung zu bleiben, ist wieder nicht strafbar.«

Er schaute hinüber zu der Tischecke links von ihm, an der er zwei der ihm näherstehenden Chefredakteure wusste. Früher hatten sie vierteljährlich ganze Seiten über seine Arbeit gebracht, seit dem zweiten Urknall nicht mehr. Aber sie riefen ihn manchmal an, erkundigten sich, betonten ihre Loyalität und den Fakt, dass sie sich unabhängig von ihrer Zeitung selbstverständlich ihre eigene Meinung über ihn gebildet hätten. Eine vorzügliche. Nur schreiben könne man sowas ohne Aufhänger nicht.

»Ja, wenn der Typ da auf Sie tätlich losgehen würde – dann würden wir sofort ...«.

Tätlich? Tat sein Rufmörder nichts, indem er täglich mehrere neue Seiten schwerer Artillerie auf ihn abfeuerte?

»Die heutige ›vierte Gewalt‹ der Medien haben wir, haben unsere Väter und Mütter nach 1950 als Bollwerk gegen die Möglichkeiten einer Wiederholung des Dritten Reichs und jeder anderen Despotie-Form gegründet, und wir dürfen stolz darauf sein.

Aber wo die Macht derart groß ist wie heute die der Medien, besteht grundsätzlich die Pflicht, diese Macht zu kontrollieren. Auf Machtmissbrauch hin, der überall erfolgt, wo sich Macht eben häuft.

Sonst hätten wir den Teufel (des Faschismus) mit dem Beelzebub der heutigen Medienmacht ausgetrieben.

Wir können diese Macht der vierten Gewalt aber nicht mehr kontrollieren. Sie kontrolliert uns.

Mit der Medienlandschaft von heute lässt sich jedes ›Reich‹ wiederholen. Denn Medien, die kleinste Zeitung in der Heide wie der größte Fernsehsender, sind Spiegel. In die guckt der Mensch, um sich darin zu sehen. Und im Gegensatz zum toten Badezimmerspiegel, in dem wir uns allein, ›ein-sam‹ sehen, schauen die Öffentlichkeit und das soziale Umfeld mit in diesen Spiegel der Zeitung, des Senders, des Internets. Und glauben, was sie sehen, mit der immerwährenden, elenden Folge für den Betroffenen: Aliquid semper haeret. Es bleibt immer etwas hängen.

›Etwas‹?

Im Internet bleibt alles hängen.

Die Fragezeichen hinter den Worten von Titelzeilen machen aus vermuteten Dreckschleudern legalisierte Falsch-Informationen mit Rechtsschutz.

Solcher Dreck wird im Lauf längerer Rufermordung ein Bestandteil unseres Abbilds im Spiegel, und je länger wir hineinschauen, desto mehr gewöhnen wir uns an diesen Dreck, ob er an uns zu Recht oder Unrecht klebt.

Wenn er zu Recht an uns klebt, dann ist unsere Seele, ist unser Schuldgefühl, ist unser Über-Ich auch schon länger daran gewöhnt und fühlt sich durch die öffentliche Anschuldigung nur bestätigt. Klebt er zu Unrecht an uns – dann ändert das nichts daran, dass wir uns an den Dreck gewöhnen, ihn in Momenten sogar glauben.

Da der wichtigste Spiegel für den Menschen der andere Mensch ist, die anderen Menschen, die Gruppen um uns, unser Publikum, die Öffentlichkeit, können wir uns gegenseitig vernichten: Nur durch die Vorhaltung des gefälschten Spiegels: Das bist du.

Wir können uns auch helfen, aufbauen, entlasten, heilen – durch die Vorhaltung eines Spiegels, in dem unsere Sicht auf einen Menschen, der sich verfälscht sieht und als Dreck fühlt, unsere positive Sicht ist. Eine anerkennende, eine bei aller Kritik grundsätzlich würdigende, am besten grundsätzlich liebevolle Meinung einem Gegenüber gegenüber einzu-

nehmen, bedeutet, dass auch bei dem Verfälschten eine Spiegelwirkung, unsere Spiegelung wirkt.
›Verfältschtsein‹ ist übrigens eine der nachfolgenden Bedeutungen des englischen ›to be adult‹ – ›Erwachsensein‹. Eine Marginalie?
Wir kennen das Phänomen der supportiven oder belastenden Spiegelung aus unserer Arbeit mit Patienten, mit Behinderten. Oft genug auch mit Kollegen, die sich durch ihr Leben als verfälscht, als verdreckt, als Außenseiter empfinden.
Solche Kollegen sind diejenigen, die zu lange mit Gegenübern gearbeitet haben, welche ihre eigene Belastung, ihre Behinderung, ihre Kränkung, ihre Krankheit abstrahlen – und diese Strahlungen sind der Spiegel, in den der Behandler schaut und die er so auf sich wirken lässt. So erklärt sich auch, warum manche langjährige Begleiter ihrer Patienten immer mehr ihren Patienten ähneln, manche Lebenspartner ihrem Partner, manches Tier seinem Herrchen.«

Dahinten sitzt seine Tochter, gerade in die Stapfen ihres Vaters getreten. Chefärztin Psychiatrie. Also lasse ich die Szene weg.
Sie ereignete sich, als ich wegen eines ersten Werk- und Forschungsauftrags in der Psychiatrie der Medizinischen Hochschule Hannover auf dem Flur einen Patienten nach dem Zimmer meines künftigen Chefs fragte. Der Patient sah eher nach einem längeren Aufenthalt in einer Irrenanstalt des letzten Jahrhunderts aus denn als Patient einer der modernsten Psychiatrien Norddeutschlands: hohlwangig, verhärmt, zurückliegende, traurige Augen. Eine Sekunde später lernte ich, dass dieser Patient mein künftiger Chef war. Zerfurcht, zergrämt, mitleidend die Leiden seiner Patienten.

»Solchen Spiegelungen, die das eigene Sein gefährden, kann im professionellen Bereich nur durch Supervision, durch Kontrolle von außen, durch Austausch des Dauerspiegels durch einen ganz neuen Spiegel, den eines neuen unbefangenen Gegenübers begegnet werden.

Die Seelenlandschaft eines Rufmordopfers nimmt also nicht nur die äußeren Gesichtszüge der Kampfhunde unserer Gesellschaft an, sondern auch deren Wesen.

Sie, meine Damen und Herren, waren und sind mir oft gegensätzliche Spiegel gewesen, positive, die das Böse in mir ausglichen.

Leider, leider nur sind manche Spiegel ein bisschen redefaul, manche gar stumm.

Von der Wut in manchem Schweigen

Wir schweigen in den Zeiten, wenn einer von uns unter akutem Rufmord leidet. Wir verdrängen, was es für eine Familie bedeutet, mit einem Namen zu leben, der beim Googeln immer weit oben unter ›Skandal‹ zu lesen ist. Ha – ich hätte so gern erlebt, was der Evangelist nach dem Tod Jesu beschreibt:
›Und siehe da,
der Vorhang im Tempel
zerriss in zwei Stück,
von oben an bis unten aus
und die Erde erbebete
und die Felsen zerrissen ...‹
Bachs Musik dazu ist eine musikalische Beschreibung der psychischen Entwicklungslinie in Augenblicken ungebändigten Zorns: Die Zweiunddreißigstel jagen sich nicht nur in der Stoff-Linie des zerreißenden Vorhangs im Tempel, sondern jagen sich aufwärts und abwärts, eben noch Programmusik für den zerreißenden Vorhang (für mich das Symbol für die fortdauernde Spaltung der Menschheit), dann verdoppelt abwärts über zwei Oktaven in Abgründe, in denen es kocht, explodiert, chromatisch in fortissimo durchgehaltenen Zweiunddreißigsteln, aufsteigend über C, Cis, Es, E ...
Eine Eskalierung des Zorns. Die Entwicklung von der Emotion bis zur menschenmöglichen Affektspitze.

Kennen Sie solchen Zorn? Kennen Sie diese kochenden Zweiunddreißigstel in sich, aufwärts und abwärts, wenn ihr Kind aus der Schule kommt, stumm vor Scham, weil die Mitschüler und Lehrer ihr Kind nicht anzusprechen wagten auf diesen Vater, auf Sie, auf mich? Nichts ist entsetzlicher, als dieses Nicht-Angesprochen-Werden.

Ich bin nur ahnungsvoll gegenüber der Zahl derer, die sich nach dem Beginn des Rufmords gar nicht erst in einen ersten Kontakt zu mir, zu meinem Haus, zu den von mir geleiteten Institutionen trauten.«

Die Gesten seiner Zuhörer waren wie im Märchen vom Dornröschen beim Verfallen in den Tiefschlaf erstarrt. Jede und jeder saß fast unverändert so da, wie sie oder er dasaßen – vor dem Erkennen, was jetzt folgte. Kataplexie, erstarrungsähnlicher Zustand.

»Gewiss: Sie, die Sie hier sitzen, haben sich damals, nach der Pressekampagne für mich eingesetzt. Öffentlich. Aber Leute wie Opfer zählen, phantasieren, vermuten, schätzen die Dunkelziffer der anderen. Der Stummwerdenden.

Ich vergesse auch nicht, wie sich die öffentlichen Ehrenerklärungen im Internet häuften, wie sich die Gremien unserer Institution ebenso hinter mich stellten wie die Kollegen in den Berufs- und anderen Verbänden.

Aber: Da stand der Berg der Schuldanwürfe nun im Internet, und er steht bis heute. Als ob es gestern gewesen wäre und als ob es keine Klagen und keine Gegenwehr gegeben hätte – das Gebirge steht da und kann von jedem gegoogelt werden.

Mit einem Fragezeichen dahinter ist nichts strafbar. Es passiert einem Fragezeichen-Autor in diesem Staat – nichts.

Mein Verfolger ist schwer krank geworden. Er leidet an Neid und in seiner Folge an einer Psychose.

Aufgrund des Mangels an einem für das Überleben notwendigen Minimum von Liebe wird mein Rufmörder sterben, indem er das Positive, Bejahende des Lebens in sich verkümmern lässt.

Zum Schluss wird er noch in Folge des Suizids seiner Seele den unwichtigen Rest seiner Identität umbringen, seinen Körper. Irgendwann. Im Stillen. In Einsamkeit.

Dieses Sterben in der Stille der Einsamkeit ist das Gegenteil dessen, was er sich wünschte, der nach Anerkennung lechzte. Und Liebe ersehnte.

Aber letztlich sind auch wir mitverantwortlich für die Entwicklungsgeschichte unserer Vernichter.

Bald werde ich Ihnen sagen, was mein aktiver Teil an seinem Selbstmord sein wird.

Zuvor noch dies:

Ich würde nur zu gern den größten Teil aller mir erwiesenen Ehren und Anerkennungen an meinen Rufmörder abgeben – wenn es Folgen hätte in seiner Seelenlandschaft und Folgen hätte im Internet, dem Spiegel, in den ich schaue und die anderen.

Wenn ich doch nur einmal noch neue Menschen kennenlernen dürfte, die bei Neukontakten nichts von den fast fünfhundert Seiten gegen mich finden, von denen keine Seite mir entspricht.

Ich habe das Glück, zu Lebzeiten bereits Reden gehört zu haben, die andere erst auf ihrer eigenen Beerdigung hören können. Was Sie mir widmeten an Aufmerksamkeit und Zuwendung und Anerkennung war, ist und bleibt mir eine Freude. Mit all der Labilität in jeder Freude, die sich im beruflichen Bereich ergibt: Denn wir sind alle Konkurrierende in Sachen Anerkennung und Beachtetwerden.

Ich habe die letzten Jahre gute Teile meiner Zeit im Ausland gearbeitet. Es war – kurz gesagt – meine Motivation, von Ihnen und dem deutschsprachigen Internet fern arbeiten zu können. Immer neu anfangen zu können und Unbefangenes vorzufinden.

Ich wünsche Ihnen für Ihren Schutz vor eigener Krankheit und der anderer Gottes Segen und Freunde in Nöten, die Sie hoffentlich nicht betreffen werden.

Ich habe meine Anwälte gebeten, nicht mehr gegen meinen Verfolger zu klagen.

Sie selbst klagen inzwischen in eigener Sache gegen meinen Verfolger, weil sie ebenfalls verhöhnt und beleidigt werden.

Sollen sie weiterklagen. Ohne mich.

Wann sich der Mörder selbst mordet

Ich will Ihnen sagen, wann ein Rufmörder sich selbst mordet, das Opfer den Täter los ist.

Es ist nicht ein Szenario, in dem der Rufmörder sein jammervolles Leben vernichten will, indem er gramgebeugt ins Wasser geht oder aus Rache dafür, dass sein Mord nicht gelang, als Geisterfahrer auf einer Autobahn im Bug des stählernen Führerhauses eines Trucks endet.

Es ist ein seelischer Suizid, den ein Rufmörder vollzieht.

Augustinus sagt, dass die Menschenseele sich von dem ernährt, an dem sie sich freut. Was sind die Freuden des Rufmörders? Es sind die Windungen und Qualen seines Opfers. Es ist der Lustgewinn, den der Sadismus bietet.

Aber jede Menschenseele erntet die Früchte ihres Wesens. Ein sadistisches Wesen mit Freude an Verhöhnung und übler Nachrede erntet Grausiges: Die Vernichtung der Liebe zu sich selbst.

Kein Mensch kann sich lieben, dessen Wesen durchtränkt ist vom Neid auf die Liebe, die er bei dem anderen sieht.

Die größte Sicherheit, den Rufmörder loszuwerden, liegt in der Macht des Opfers, sich zu entziehen.

Eines Tages ist das Opfer weg. Dort, wo kein Internet existiert oder wo mindestens eine andere Kultur mitsamt anderer Sprache und Schrift eine Grenzlinie zwischen Opfer und Täter zieht.

Oder indem das Opfer sich innerlich dem Täter entzieht, sich von ihm abwendet. Entweder durch Verdrängung. Oder durch das Beten für ihn. Ich staune täglich, was für eine innere Überlegenheit das Opfer erfüllt, wenn es Für-Bitte für den Täter übt.

Ein Rufmörder, der entweder keine geografische Adresse seines Opfers mehr hat oder der die Seele seines Opfers nicht mehr erreicht, muss die Zielrichtung seines Hasses aufgeben und damit den Kern seiner vergifteten Identität, den Kern seines ganzen fieberhaften Tuns.

Von den beiden Methoden des Opfers, sich dem Mörder zu entziehen, körperlicher Wegzug und seelische Abwendung, ist die letztere die erfolgreichere. Beim äußeren Wegzug nimmt sich das Opfer mitsamt seiner Verletztheit und Verletzlichkeit mit in die noch so ferne Ferne. Die seelische Abwendung vom Täter, die Kunst bewusster Ignoranz, die nicht mit Verdrängung verwandt ist, ist erfolgreicher.

Das Kaninchen hoppelt aus dem Blick der Schlange, woraufhin diese langsamen Hungers stirbt.

Abwendung ist die Strategie, um Rufmörder sich suizidieren zu lassen. Diese Abwendung zu schaffen aus aktueller Kränkung, aus Hass heraus, aus Rache, ist kaum möglich.

Aber sie wird möglich durch die Erkenntnis, dass ein psychotischer Rufmörder immer stärker sein wird. Dank der Energien, die die Psychose ihrem Täger verleiht.

Ich werde dies tun: Ich entziehe mich, indem ich aus der elektronischen Kommunikationswelt emigriere.

Ich werde hier wohnenbleiben, weil ich abhängig von der Liebe zu diesem meinem Land und seiner Geschichte und meiner Familiengeschichte darin bin. Aber ich werde amputieren, was mich sonst sterben lässt: Ich werde meine Heimatzeitung lesen wie jene Hundertjährigen im Altersheim, für die das Käseblatt der Beweis für lebendige Anteilnahme an dieser Welt ist. Ich kann sie gefahrlos lesen, ohne in den hässlichen Spiegel meiner Beleidigung, meiner Verhöhnung, meiner Kriminalisierung starren zu müssen.

Ich werde auch wieder fernsehen können, weil die Zeiten vorbei sind, in denen ich dahinein gebeten wurde. 2002 gab es im ersten Quartal noch zweihundertsiebzig Presseerwähnungen über mich, einundvierzig Fernsehfeatures und Interviews, Wiederholung meiner früheren Filme.

Nach einem Jahr schwerer Internet-Artillerie las ich über mich nur noch in Fachzeitschriften.

Das Dazwischen, zwischen Heimatzeitung und Fernsehen, werde ich meiden. Ich werde mich aus den Datenautobahnen dieser Welt hinauskatapultieren auf die stillste Weise, die es gibt: Ausschalten. Keine E-Mails mehr, keine Zeitschrift, die ihre Blogs in das Internet stellt.

So einfach ist es, den Rufmörder sich selbst zugrunderichten zu lassen.

Sage einer was gegen unsere Klassiker. Sie bleiben uneinholbar, weil die Zeit, in der sie Wörter zu verdichten imstande waren, so dass Dichtung dabei herauskam, noch ›Zeit‹ war: Zeit, deren Strömen und Fließen, deren Mäander und Sturmwellen, deren Schaumkronen und Entspannungen noch fühlbar war in den Menschen, welche die Wörter für diese Zeit suchten.

Wir heute haben überwiegend Flashlight-Erfahrungen mit Zeit. Punktuelles, das sich aneinanderreiht.

Ein Goethe sagt zum Thema des Zugrunderichtens eines Rufmörders:
›Ach wer heilet die Schmerzen
Des, dem Balsam zu Gift ward?
Der sich Menschenhass
Aus der Fülle der Liebe trank!
Erst verachtet, nun ein Verächter,
Zehrt er heimlich auf
Seinen eignen Wert
In ungnügender Selbstsucht.‹

Gott, ist das ein furchtbarer Tod, wahrlich schlimmer als der jedes Opfers! Ich danke Ihnen und staune, dass Sie sitzengeblieben sind. Ich wünsche Ihnen und mir ein gutes Ausklingen mit den Digestifs vom Burgunderhof am Bodensee, auf denen jene Freunde residieren, die ich vorhin erwähnte. Freunde, die mit ihrem hochverdienten Erfolg dasselbe einhandelten, wie alle Hochverdienten: Neid und Rufmord.«

Er hob sein Glas und hob es höher und höher, in alle Richtungen, wo er Gesichter sah. Blasse Gesichter, gerötete Gesichter, abgewandte Gesichter, offene Gesichter, erschrockene Gesichter. Manche Gesichter sah er, in denen er oft genug blanken Neid gesehen hatte.
»Prosit!« rief er, ließ das Glas in der Luft kreisen und überall imaginär anstoßen. »Pro-sit! Das kommt von ›*prodesse*‹ aus dem Lateinischen: ›Es möge nützen!‹«

Smileys Lächeln

Es war der Übergang vom sterbenden, alten zum neugeborenen Tag, es war Mitternacht, als er auf der Rückfahrt an dem Stahlträger vorbeifuhr, als dessen Kopf jener Smiley fungierte, der den Autofahrern die Geschwindigkeit anzeigte: Einundfünfzig Stundenkilometer – er schmollt, der digitale Mund. Neunundvierzig Stundenkilometer– er lächelt, er grinst. Innerhalb einer Mikrosekunde wechselte er den einen digital geäußerten Ausdruck satter Zufriedenheit zum Gegenteil, zu griesgrämiger Verachtung.
Wie in der Liebe.

Da erlebte er ihn auch, zumindest bei sich: Diesen Wechsel scheinbar extrem entfernter Gefühle von Null auf Hundert, von Neunundvierzig auf Einundfünfzig.
Soeben noch beglückt über die ewig anhaltende große Liebe diesem Menschen gegenüber und sicher seiner Liebe, bis dass der Tod scheide. Und jener Sekundenbruchteil, in dem das Gefühlsgebäude von eben zusammenstürzt und zur Fassungslosigkeit führt, dass man einmal beschloss, mit diesem Menschen zusammenzuleben.
Na ja – das waren Erfahrungen nur in schlechten Zeiten, in denen der Flügelschlag des harmlosen Schmetterlings zur Lawine kurzfristigen Hasses führt. Die meisten Krisen dieser Art hatten sie hinter sich. Erstens altersmäßig, zweitens durch

Klugheit. Altersmäßig gab es nicht mehr so viele Chancen für Krisen wie vor fünfzehn Jahren, auf der Hälfte des statistisch möglichen Zusammenlebens.

Jetzt gab es vielleicht noch fünfzehn gute, vitale Jahre, vielleicht weitere zehn weniger gute Jahre des beginnenden Verfalls des Körpers, was bei lebendigem Geist mühsam ist, aber auszugleichen durch die kristalline Intelligenz, die nur der vergehende Körper gebiert.

In ihrer Küche der Klugheit hatten sie die Schmetterlinge, die zu Lawinen führten, gesammelt, aufgespießt, unter Glas gesetzt und mit der Lupe analysiert.
Sie kannten die Fallen und fielen nicht mehr so oft hinein.
Und wenn – dann meist durch Erschöpfung, durch den Außenstress, kaum, wenn sie Zeit für sich hatten und diese teilten.
Je länger sie zusammenwaren, Nähe teilten, desto sicherer fühlten sie ihre Liebe. Die Krisenauslöser kamen von außen und zeigten sich früher. Ihr ehelicher Smiley überwog mit seinem Lachen und stürzte nur wenig in seinen Groll. Am wenigsten, wenn ihr Kalender Zeit für Erotik freigab.

Er fuhr sicher mit Achtzig oder mehr durchs nächtliche Dorf, aber er fuhr eben von hinten auf den digitalen Tempoanzeiger zu, so dass er dunkel blieb. Er dachte an den Onkel, den, der zum Abschied immer den blöden Satz sagte: ›Bleib ein anständiger Mensch – ich weiß, wie schwer das ist.‹
Es war verdammt schwer, heute abend nach seiner Rede anständig zu bleiben. Denn natürlich hatte sein Publikum nicht sofort reagiert, weder mit Worten, noch mit offenem Beifall oder offenem Protest. Kein Applaus.

Diese Kollegen aus der Psychoszene waren, wenn es ernst und öffentlich zugleich wurde, genau so hilflos wie ihre emotional gehemmten, affektblockierten Patienten.

Der Kaffee war gut, der nach seiner Rede serviert wurde. In Ruhe konnte er ihn trinken, weil es ruhig blieb um ihn. Denn die Ruhe speiste sich aus dem Schweigen, das den Saal beherrschte.

Erst war das Anschlagen seines eigenen Löffels an dem Porzellanteller mit dem Dessert darauf zu hören, dann griffen seine Nachbarn zum Löffel, dann die anderen. Ein akustisches Domino.

Der Dicke neben ihm, die Spitze der Verkehrsgesellschaft, gab als erster ein Feedback.

»Eine sehr lange Rede«, sagte er, und dabei nahmen links und rechts von seinen Wulstlippen Schokoladentröpfchen ihren durch die Lachfältchen vorgebahnten Weg. Dann fügte er eilig hinzu: »Eine sehr bedenkenswerte Rede.«

Matthias, der liebe Hauptpastor, der hatte dann doch noch das Wort ergriffen und so begonnen:

»Ich ergreife doch noch einmal das Wort, weil mich deine Rede« – er wandte sich in seine Richtung – »ergreift ...«

Da nickten überraschend viele. Nicht alle, manche verblieben in dieser kataplexierten Starre.

Dann hatte Matthias, den viele noch nicht gehört hatten, weil er ganz neu an eine der Hauptkirchen in der City berufen worden war, nur aus der Zeitung kannten sie ihn, ja, dann hatte doch Matthias – dann hatte er nach dieser einen Vorbemerkung und einer Pause weitergesprochen, ohne Ankündigung.

Ohne Übergang, unerwartet für alle. Sogar für ihn. Denn was er sagte, wandelte sich in ein Gebet. Was er, Matthias, vorher auch gar nicht geplant hatte, wie er hinterher sagte. Hinterher, das war die Zeit, als sich nach Matthias die meisten sofort in Seitengespräche begaben. Der Saal quoll über vor Geflüstertem, das immer lauter wurde, normale Gesprächslautstärke von wieder normal redenden Menschen annahm.

»Unsere Erde ist nur ein winziger Planet«, hatte Matthias begonnen, »ein Punkt in diesem Kosmos. Ein Punkt, auf dem wir unser Leben leben, jeder für sich. Und mit anderen, mit Menschen, mit Tieren, mit Pflanzen, mit den Elementen der Natur.«

Natur hatte Matthias gesagt, nicht Schöpfung. Kein Mensch konnte zu diesem Zeitpunkt wissen, dass Matthias betete.

»An uns liegt es, aus diesem Zusammenleben auf diesem Punkt Mutter Erde eine Erde zu gestalten, deren Geschöpfe nicht von Kriegen gepeinigt werden – großen Kriegen der Völker, kleinen Kriegen der Gruppen, Kleinstkriegen in Familien und Kriegen an den Orten unserer Arbeit. An uns liegt es, dass wir nicht Hungerleider unseres Körpers oder Hungerleider unserer Seele werden, an uns liegt es, dass wir nicht von Furcht vor uns untereinander und Furcht vor uns selbst gelähmt werden. An uns liegt es, dass wir uns nicht zerreißen durch – Neid!«

Matthias' Rhetorik ist gut, dachte er. Die Hebung der Stimme vor dem »Neid« und die Pause danach – dramaturgisch wirk-

lich gut. *Ein Jammer, dass Lehrern und Pastoren und Profs, allen Rednerberufen, nicht wie früher ein Rhetorik-Kurs obligatorisch zugemutet wird.*

»Nicht zerreißen durch Ideologie, durch Rasse, durch Dogmatik und Rechthaberei, nicht durch Hautfarbe und nicht durch Hass, der aus dem Neid stammt. Nicht durch Hoch-Mut. Mut gib uns stattdessen, schon heute abend mit diesem Werk zu beginnen, damit wir und unsere Kinder und Kindeskinder einst mit Stolz den Namen Menschenkinder tragen.«

Hut ab, das war eine kleine und gleichzeitig große Rede von Matthias. Donnerwetter! Er hatte dazu zwei Stunden Reden gebraucht. Andererseits: Ohne seine zwei Stunden hätte Matthias nicht so kurz reden können. Und nicht so verdaulich fromm. Ob die Leute kapiert haben, dass Matthias von einem anderen Leben als diesem sprach, in dem dann erst der Titel »Menschenkinder« verliehen werden kann?

Bis dahin werden die Titelkämpfe weitergehen.

Else war zeitgleich mit ihm in ihrem Wagen abgefahren, aber er hatte sie bald abgehängt, wie immer zu schnell fahrend. Mit acht Punkten stand er schon wieder in Flensburg. Immer wegen Geschwindigkeitsüberschreitung. In den Jahren seit Beginn der Zeit des Ermordetwerdens hatten sich die Bußgelder gehäuft. Zu schnell gefahren ... Das war meist das Weg-von-denen, mit denen er sein berufliches Leben teilte und vor denen er entweder seinen Zorn oder seine Scham versteckte.

Ab heute abend würde er sie nur noch sehen, wenn er es so wollte.

Er hörte sich singen, laut singen. Er vergnügte sich mit der letzten, zum erotischen Stimulus umgewandelten Strophe:
›Gleich schleußt sie wieder auf die Tür
zum schönen Paradeis ...‹
Er spürte Vergnügtheit. War es die Vorfreude auf vielleicht eine liebevolle Nachtstunde vor dem Kamin am Ende dieses Tages, am Ende seiner beruflichen Aktivität? Am Anfang einer Zeit mit mehr Zeit für sie?
War es, dass der Rufmörder nicht mehr vor seiner Seele stand und nicht mehr jeden Blick nach draußen einfärbte?
Denn den Rufmörder hatte des Cherubs Schwert getötet. Durch die raffinierteste Form der Strafe, die im Himmel erdacht wurde für Menschen: Suizid der Seele durch Isolation. Totale Isolation. Lebenslange Haft. Der seelische Suizid des Rufmörders.

Auf der Höhe des Hamburger Bergs, in dessen Ferienwohnungen zahlenmäßig mehr Berliner wohnten, fiel ihm einer seiner geliebten Rachepsalmen ein. Unvermeidlich, unausweichlich, diese durch Repetition im Gedächtnis stets abrufbaren Rache-Rufe:

»Lass der Gottlosen Bosheit ein Ende werden ...
Gott ist ein rechter Richter
und ein Gott, der täglich droht.
Will man sich nicht bekehren,
so hat er sein Schwert gewetzt
und seinen Bogen gespannt und zielt
und hat darauf gelegt tödliche Geschoße,
seine Pfeile hat er zugerichtet, zu verderben.

Siehe der hat Böses im Sinn,
mit Unglück ist er schwanger
und wird Lüge gebären.
Er hat eine Grube gegraben und ausgehöhlt
und ist in die Grube gefallen,
die er gemacht hat.
Sein Unglück wird auf seinen Kopf kommen
und sein Frevel auf seinen Scheitel fallen.

Herr, hilf ihm dort.«

Unten am Hang tauchten die Dächer des Dorfs auf. Kein elektrisches Licht ließ das Dorf identifizierbar werden. Nur das Mondlicht.
Wie ging das noch: »Wenn süß das Mondlicht auf den Hügeln schläft ...«? Shakespeare? Schiller? Ich muss in Büchners »Geflügelten Wörtern« nachsehen.
Mondlicht.
Das indirekte Licht, mit dem seine Vorfahren den Herzögen und Bischöfen in ihrem direkten Sonnenlicht heimleuchten sollten.
Er ließ den Wagen auf der Straße ausrollen, die eine Sackstraße war und am Ende in einen Wiesenweg mündete. Er schaltete das Licht aus und rollte nur bei Mondlicht in die Einfahrt des Hofs und vor den Treppenspeicher.
Dort blieb er sitzen und drückte den Fensterheber, damit dieser das Gegenteil tun sollte, als sein Name sagt: Glas zu senken.
Und in den Mond hinein summte er die Melodie des alten Liedes vom aufgegangenen Mond von Matthias Claudius, in

deren ersten drei Takten sich alle seine Lieblingsintervalle wie auf einer bevorzugt getragenen Halsketten-Schnur reihten: Die Sekunde als Symbol für die engste Symbiose zweier selbständiger Wesen, die Quart als Symbol der nach hoffnungsloser Passivität naturgesetzlich immer wiederkehrenden Vitalität und Lebenslust, die große Terz als Symbol für die darauf aufbauenden Lieder in seiner Kindheit, auf der alles Weitere sich aufbaute, die Sexte als Symbol des starken Affekts in der Liebe und in der Klage (»Ich schnitt es gern in alle Rinden ein, Dein ist mein Herz« und »Ein Prosit, ein Prosit der Gemütlichkeit«).

Seine Lippen formten die zugehörigen Worte zum Melos, die der dritten Strophe:

»Seht ihr den Mond da stehen?
Er ist nur halb zu sehen
und ist doch rund und schön.
So sind wohl manche Sachen,
die wir getrost belachen,
weil unsre Augen sie nicht sehn.«

So hatte er sein Denken und seine Forschungen aufgefasst, als immer nur einen sichtbaren Teil, hinter dem der größere, unsichtbare lag. So hatte er seine Lehre dieser Forschung zu gestalten versucht ...

Er war zu erfolgreich gewesen für ihn. Den Rufmörder. Sein eigener guter Ruf lebte. Jedenfalls in einer stattlichen Zahl von Menschen. Im Gegensatz zu dem seines Mörders.

Dessen Ruf jetzt wirklich tot war. Suizidiert. Seiner, des Opfers Ruf, war nur beschädigt, und sein Leben ging weiter.

Gleich mit Else. Im Mondlicht. Vielleicht auf dem Fußboden. Auf dem Schaffell aus Estland, das man ihm vorhin auch überreicht hatte.

Der Rückspiegel seines Wagens spiegelte Lichter. Die Lichteraugen ihres Wagens leuchteten jetzt um die Ecke am Brink. Gleich war sie bei ihm. Ihm fiel der uralte König Salomon ein, von dem ein Sechszeiler im Otto-Lilienthal-Museum in Anklam in Pommern hing:
»Drei Dinge sind mir zu wunderbar
und das Vierte versteh ich nicht:
Des Adlers Weg am Himmel,
der Schlange Weg am Felsgestein,
des Schiffes Weg auf hoher See,
den Weg des Mannes beim Weibe.«
Mein Gott, dachte er, fast dreitausend Jahre ist dies Staunen bei uns alt geworden – was ist dagegen der Neid des Menschen?

Dann stieg er aus, um sie noch am Steuer ihres Rovers zu küssen.

»Was?« fragte sie, weil er etwas geflüstert hatte.

»... Salomo – *in* das Weib müsste es heißen«, murmelte er und nieste. Wie immer, wenn er seine Nase in ihr dunkles Haar versenkte. Besonders dunkel heute beim Essen, weil sie es besonders gut färben hatte lassen ...

BIBLIOTHEK DER ERMUTIGUNG

Als Tante Thea einmal weinte
Eigenartige Familiengeschichten

Hans-Hemut Decker-Voigt

Unterdrückte Familiengeheimnisse, schicksalshafte Moment, die Ausfluss einer langen Seelengeschichte sind, und unwahrscheinliche Erlebnisse aus dem realen Leben sind die Schwerpunkte dieser meisterhaften Erzählungen. Aus ihnen spricht die Liebe des Autors zu seinen Figuren sowie Verständnis und Nachsicht mit ihren Schwächen.

ISBN 978-3927369-32-0; 120 Seiten; 16,80 Euro

Du musst zurücktreten, Junge!
Autobiografische Erzählungen

Hans-Helmut Decker-Voigt

Inneres Wachstum braucht ein Verstehen der äußeren Faktoren, die uns in Lebensrichtungen zu drängen versuchen, und ein Wissen über das eigene Gemeint-Sein. Hans-Helmut Decker-Voigt beobachtet in diesem humorvollen Erzählband die Spiegelungen verwandter Menschen in seinem eigenen Seelenbrunnen und fördert tiefsinnige Einsichten zutage, die das Verhältnis zwischen Bezogenheit und Ich-Behauptung erhellen.

ISBN 978-3927369-36-8; 168 Seiten; 16,80 Euro

Besuch beim Wolkenmaler
Die wahre und wunderbare Geschichte eines Schüler-Doppellebens

Joachim Till Bark

Als Vierzehnjährigem gelingt es dem heute bald siebzigjährigen Autor, ein ganzes Jahr unbemerkt der Schule fernzubleiben. Er entdeckt eine Welt, die ihm die Aufgaben für seinen weiteren Lebensweg stellt. Seine Lehrer sind Bäume, Flüsse, die Landschaft seiner Heimat, die Menschen, denen er begegnet und – der Wolkenmaler, der ihm zur sensiblen Erforschung seiner inneren Welt Mut zuspricht

ISBN 978-3927369-23-8; 120 Seiten; 16,80 Euro

Drachen Verlag GmbH • Am See 1 • D-17440 Klein Jasedow
Telefon (03 83 74) 7 52 18 • Fax (03 83 74) 7 52 23
mail@drachenverlag.de • www.drachenverlag.de

LIBRARY OF HEALING ARTS

Farbzeiten
Wie die Farbe der Seele hilft. Eine Sozialgeschichte der Farbe.

Edgar Diehl

Edgar Diehls sozialgeschichtlicher Diskurs führt uns die Entwicklung der modernen deutschen Gesellschaft vor Augen, indem er die Farben der letzten sechs Dekaden farbpsychologisch untersucht.

ISBN 978-3927369-13-9; 296 Seiten; 55 farbige Abbildungen; 29,80 Euro

Die Wurzeln unserer Musikalität
Musiktherapie und die Entfaltung der Persönlichkeit

Daniel Perret

Der spontane musikalische Ausdruck eines Menschen zeigt, wer er ist. Die Art und Weise, wie wir singen oder auf einem Instrument spielen, gibt unsere einzigartige Individualität wieder.

ISBN 978-3927369-15-3; 168 Seiten; 8 farbige Abbildungen; 24,80 Euro

Das Malspiel und die natürliche Spur
Malort, Malspiel und die Formulation

Arno Stern

Die Lust zu malen ruht in jedem Menschen. Die Schule versucht, dieses natürliche Bedürfnis zur Kunst hinzuleiten. Wird dies vermieden, so kann der Mensch das volle Potenzial seiner Fähigkeiten entfalten.

ISBN 978-3927369-14-6; 136 Seiten; 17 farbige Abbildungen; 22,50 Euro

Spontane Kreativität
Die transformative Kraft des schöpferischen Ausdrucks

Marie Perret

Marie Perret stellt den spontanen kreativen Ausdruck ins Zentrum einer Lebensschulung und zeigt, wie man mit Malerei und figürlicher Gestaltung Ängste und das Gefühl des Steckengebliebenseins überwindet.

ISBN 978-3927369-21-4; 188 Seiten; 34 farbige Abbildungen; 24,50 Euro

Drachen Verlag GmbH • Am See 1 • D-17440 Klein Jasedow
Telefon (038374) 75218 • Fax (038374) 75223
mail@drachenverlag.de • www.drachenverlag.de

EDITION HAGIA CHORA

Die Anderswelt
Eine Annäherung an die Wirklichkeit
Jochen Kirchhoff
Suggestive Meditations- und Denkreise in die kosmischen Tiefen der eigenen Psyche.
ISBN 978-3-927369-07-8, 248 S., 18,50 €

Die Erlösung der Natur
Impulse für ein kosmisches Menschenbild
Jochen Kirchhoff
Plädoyer für die kosmische Verantwortung, in die der Mensch gestellt ist.
ISBN 978-3-927369-11-5, 268 S., 19,50 €

Räume, Dimensionen, Weltmodelle
Impulse für eine andere Naturwissenschaft
Jochen Kirchhoff
Vision eines bis in den letzten Winkel hinein lebendigen Universums.
ISBN 978-3-927369-17-7, 318 S., 19,50 €

Totenschiff und Sternenschloss
Reisen zu mythischen Orten Europas
Rüdiger Sünner
Callanish, Kyffhäuser, Opfermoore, Schamanen-See Inari und Montségur.
ISBN 978-3-927369-09-2, 156 S., 16,50 €

Natur neu denken
Erfahrung – Bedeutung – Sinn
Reinhard Falter
Erfahrung der Natur in ihrer Ganzheit als Wesenheit schöpft Sinn.
ISBN 978-3-927369-08-5, 326 S., 19,50 €

Unsere Seele kann fliegen
Marco Bischof
Nikola Tesla, Außerkörperlichkeit, heilige Orte, kosmische Zyklen, Kelten ...
ISBN 978-3-927369-19-1, 128 S., 16,50 €

Der Kristallplanet
Globale Netze, platonische Körper und die Musik der Erde
Marco Bischof
Theorien über Gitterstrukturen und kosmische Proportionen.
ISBN 978-3-927369-20-7, 312 S., 19,50 €

Freundschaft mit der Natur
Naturphilosophische Praxis und Tiefenökologie
Robert Josef Kozljanič
Ein erprobter Weg für alle, die einen neuen Zugang zur Natur suchen.
ISBN 978-3-927369-12-2, 168 S., 16,50 €

Was ist Geomantie?
Die neue Beziehung zu unserem Heimatplaneten
Lara Mallien, Johannes Heimrath (Hrsg.)
Geomantie umschreibt die Wahrnehmung von Naturqualitäten, erweitert ökologische Betrachtungsweisen in die seelische Ebene hinein und gestaltet die Interaktion zwischen Mensch und Natur in Hinblick auf eine nachhaltige Gesunderhaltung ganzer Biosysteme. Anwendungsfelder sind u. a. Architektur, Wohngesundheit, Garten-, Städte- und Landschaftsplanung, Medizin, Psychologie, Kulturgeschichte, Philosophie, Kunst, Naturwissenschaft.
ISBN 978-3-927369-18-4, 260 S., 19,50 €

DRACHENVERLAG

Drachen Verlag GmbH • Am See 1 • D-17440 Klein Jasedow
Telefon (03 83 74) 7 52 18 • Fax (03 83 74) 7 52 23
mail@drachenverlag.de • www.drachenverlag.de